不该忘记的历史

——抗日战争百问百答（下篇）

1931—1945

黄　寰　罗子欣　编著

大连出版社

图书在版编目（CIP）数据

不该忘记的历史：抗日战争百问百答.下篇 / 黄寰等编著. — 大连：大连出版社，2014.12（2021.6重印）
ISBN 978-7-5505-0822-4

Ⅰ.①不… Ⅱ.①黄… Ⅲ.①抗日战争史—中国—问题解答 Ⅳ.①K265-44

中国版本图书馆CIP数据核字（2014）第277973号

BU GAI WANGJI DE LISHI
不该忘记的历史

出 版 人：刘明辉
策划编辑：王德杰
责任编辑：李玉芝
封面设计：林　洋
责任校对：王德杰
责任印制：徐丽红

出版发行者：大连出版社
地址：大连市高新园区亿阳路6号三丰大厦A座18层
邮编：116023
电话：0411-83627375 / 83621075
传真：0411-83610391
网址：http://www. dlmpm. com
邮箱：wdj@dlmpm.com
印 刷 者：大连金华光彩色印刷有限公司
经 销 者：各地新华书店

幅面尺寸：160 mm × 223 mm
印　　张：7.5
字　　数：120千字
出版时间：2014年12月第1版
印刷时间：2021年6月第8次印刷
书　　号：ISBN 978-7-5505-0822-4
定　　价：15.00元

编委会

前言 Preface

我们必须要谨记一段沉重的历史：从1840年鸦片战争开始到抗日战争胜利的105年间，几乎所有的大中小帝国主义国家都侵略过中国，使中华民族蒙受了深重的灾难和耻辱，而我们唯一赢得的，就是抗日战争。那是百年来积贫积弱的中国第一次在一场生死存亡的民族战争中取得胜利，这场胜利改变了中华民族的历史命运，唤醒了沉睡了几个世纪的中国——这是一段不该忘记的历史。

一般而言，抗日战争的时间刻度，是从日本军国主义发起“七七事变”算起的。但我们深深感到，近现代史上，中国人民抵抗日本侵略的战争从19世纪末便已发起。这本抗日战争知识问答的小书，既以14年间华夏大地遍燃抗日战火为主线，又提及全面抗战前后的一些史实。只有这样，我们才能深刻体会，中华民族曾经是如何被外族蹂躏；只有这样，我们才能深刻理解，今天的和平安定是如何地来之不易和值得珍惜。

我们要牢记这段历史，缅怀那些在战争中逝去的无数无辜生灵，缅怀那些为了正义和解放事业奉献了热血和生命的战士，在民族的记忆中保留一段真实的历史。在艰苦卓绝的抗战岁月中，中国人民前赴后继，英勇战斗，做出了巨大的民族牺牲，终于打败了不可一世的日本军国主义，取得了鸦片战争以来中国人民抵御外侮、反抗侵略的第一次彻底胜利。

正是基于这一原因，本书以问答的灵活方式，精选了多条史实，以期读者们能在较短的时间里对抗日的历史有比较全面的了解。重温抗日战争历史，了解今天中日关系，有利于在学生中广泛开展爱国主义教育，增强民族自尊心、自信心，激励大家为振兴中华而努力学习。让我们以抗日的必胜信心，以抗日的忘我精神，牢记历史，展望未来，为在21世纪全面建成小康社会而共同努力。

编著者

目　录

Contents

抗战前 / 1

正面战场 / 23

抗战前

☞《田中奏折》是怎么反映出日本帝国主义侵略野心的

1929 年 2 月，中国南京出版的《时事月报》刊出一条令全世界震惊的新闻:《惊心动魂之日本满蒙积极政策——田中义一上日皇之奏章》。据称，这是 1927 年 7 月 25 日由日本首相田中义一呈给昭和天皇的秘密奏章。《田中奏折》全面披露了日本对外侵略的详细战略，暴露了其欲征服世界的勃勃野心。

《田中奏折》提出日本侵略的总战略是:“欲征服中国，必先征服满蒙;欲征服世界，必先征服中国。”日本获取全中国的资源以后，进而便可征服印度、南洋诸岛、中小亚细亚以至欧洲。日本欲在亚洲大陆显露身手，掌握满蒙的权力则为首要关键。

《田中奏折》提出的侵略步骤是:第一期夺取台湾，第二期夺取朝鲜，第三期夺取满蒙，第四期征服全中国，第五期征服全世界。该奏折写道:“第一期征服台湾，第二期征服朝鲜，既已实现，唯第三期灭亡满蒙，以及征服中国……尚未完成。”

《田中奏折》的出现不是偶然的，而是日本近代对外进行扩张侵略的必然产物。日本人于 1874 年从中国台湾琅峤港登陆，妄图侵占我国台湾;5 年后，公然占领琉球，将其改成冲绳县;1894 年甲午战争后，强占台湾、澎湖列岛;1898 年把福建省划为势力范围;1900 年参与八国联军侵略中国;1905 年日俄战争后，接手了沙俄在华全部特权;1915 年向袁世凯提出灭亡中国的“二十一条”，并派 3 万侵略军到中国;1917 年指使北洋政府参加第一次世界大战;1918 年与北洋政府签订陆军、海军共同防御协定;1919 年巴黎和会，中国提出取消“二十一条”、归还山东、取消列强在华特权，否决。日本不断干涉中国内政，此后还炮击大沽炮台，制造“三一八惨案”……

《田中奏折》与其后日军的侵略行径完全吻合。日军侵华把中国人民推入了水深火热的战争中。

☞“皇姑屯事件”的经过是怎样的

奉系军阀首领张作霖原是日本帝国主义扶植起来的，其势力日益发展并进入关内，于1927年6月18日在北京建立安国军政府，成为北洋政府的末代统治者。此时，张作霖试图利用英、美来牵制日本，引起日本不满。

1927年4月田中义一上台后，向张作霖强要铁路权，逼张作霖解决一切“悬案”，从而激起了东北人民的反日怒潮。9月4日沈阳两万人示威游行，高呼“打倒田中内阁”。关东军断定系张作霖煽动所致，对他恨之入骨。

1928年5月，蒋介石率领的北伐军打败了奉军，张作霖准备由北京乘火车退往沈阳。关东军司令村冈长太郎打算派人刺杀张作霖，独占东北，于是由高级参谋河本大作策划，在张作霖列车必经地点——沈阳皇姑屯车站南满路与京奉路交叉处预埋炸药。

6月4日清晨5时30分，张作霖所乘列车行驶到皇姑屯时被炸，黑龙江督军吴俊升当场死亡，张作霖受重伤，被急救回沈阳，于上午9时30分不治身亡。张作霖被炸死后，由于奉系当局秘不发丧，使日军未敢轻举妄动。当天，张作霖长子张学良连夜离京奔丧，回沈阳后承袭父职，稳定局势，至21日才正式公布张作霖死讯，使日本侵略者的阴谋未能得逞。

☞“济南惨案”发生的前后经过是怎样的

“济南惨案”是1928年5月日军在山东济南犯下的罪行，它发生在国民党北伐后期，是日本为维护其在华北、东北等地的特殊利益而采取的军事行动。

1927年5月，国民党北伐军抵达徐州，迫近山东。日本田中内阁以保护山东日本侨民为由，首次派兵2000人到山东，从青岛登陆并准备开赴济南。北京北洋政府、南京国民政府同时向日本提出抗议。国民党通令中国各地民众，对日开展示威运动，采取经济绝交的政策。同年8月，日本从山东撤兵。

1928 年 1 月,蒋介石复出,继续北伐。4 月,日本再向山东派兵。5 月 1 日,北伐军抵达济南。日军在街道上设置防御工事,并与北伐军发生冲突,互相射击。

5 月 3 日,国民党战地政务委员会委员蔡公时与 18 名随员到达济南,于经四纬六路成立外交部特派员交涉公署。当天晚上,日军即以武力攻入公署,蔡公时及随员被杀。

蔡公时被杀后,蒋介石一方面防止事态扩大,先令各军禁止冲突,然后令军队退出济南,绕道继续北伐;另一方面则展开外交交涉,向日本方面严正抗议,要求日军撤出济南,同时请求英美协助调停。但日本并未停止行动,继续从日本本土向山东增兵 1 万余人,并于 5 月 10 日在空军掩护下占领济南。日军入城后屠杀平民及伤兵。据事后调查,我军民死伤万余人。之后经多轮外交谈判,日军于 1929 年 3 月撤出济南。

☞“九一八事变”是怎样发生的

1929 年,资本主义世界发生了严重的经济危机。日本帝国主义为了摆脱经济危机,决定乘蒋介石全力围剿红军的机会,占领我国东北,逐步吞并全中国,妄图把中国变成它的殖民地。

1931 年 9 月 18 日夜 10 时 20 分左右,日本关东军炸毁了南满铁路沈阳近郊柳条湖的一段路轨。事件发生后,日本侵略者贼喊捉贼,以伪造的现场和照片,诬称中国军队“破坏南满铁路”“袭击日本守备队”。当夜,日军向中国军队发动进攻,炮轰东北军驻地北大营,袭击沈阳,“九一八事变”爆发。

事变爆发后,沈阳中国驻军要求抵抗,但蒋介石早已电令东北军统帅张学良:“无论日本军队此后如何在东北寻衅,我方应予不抵抗,力避冲突。”他认为,中国“枪不如人,炮不如人,教育训练不如人,机器不如人,工厂不如人,拿什么和日本打仗呢?若抵抗日本,顶多三天就亡国了”。在蒋介石的不抵抗政策下,日军在一夜之间就攻占了沈阳全城。日军在城内到处鸣枪，杀害无辜的中国百姓。此后，东北军十几万人撤入关内。

“九一八事变”是日本军国主义推行大陆政策的一个重大步骤，也是发动全面侵华战争的序幕。许多学者将“九一八事变”认作抗日战争的开始。由于蒋介石坚持不抵抗政策，日本侵略军仅以2个师零2个旅及独立守备队、重炮营和航空兵一部，共约4万人，在几个月时间内，迅速占领了东三省全境。

☞“珍珠桥事件”是怎样发生的

“九一八事变”以后，民族矛盾日益激化。中国共产党及时发表了反对日本帝国主义侵略和对日宣战的宣言、通电，提出“以民族革命战争驱逐日本帝国主义出中国”的主张。在中国共产党的号召和领导下，全国迅速掀起了抗日救亡运动的怒潮。

1931年9月，上海3万多名码头工人首先爆发了反日大罢工。他们拒绝为日本船只装卸、搬运货物。大批的日本船只被迫停泊在码头。接着，上海80万工人成立了抗日救国联合会。工人还组建了抗日义勇军，要求政府发枪抗日。全国各地工人纷纷组建了抗日团体，开展抗日爱国运动。

全国学生也掀起抗日怒潮。成千上万的大学生和中小学生罢课、游行、宣传，反对日本帝国主义的侵略，反对国民党反动派的不抵抗政策。9月，南京、上海、杭州的学生到南京国民政府门前请愿，捣毁了外交部。12月17日，各地到南京请愿的学生和南京学生共3万多人，举行联合抗日大示威，要求国民党政府出兵抗日。浩浩荡荡的游行队伍，经过国民党外交部、中央日报馆，奔向国民政府。抗日的吼声震动了南京城。没想到，国民政府军队没有把枪口对准侵略者，却对准了要求抗日的学生。在珍珠桥畔，反动军警向手无寸铁的游行学生开枪射击，又用刺刀冲杀，游行队伍中30多人英勇牺牲，100多人受伤，很多人被捕。爱国学生的鲜血，染红了珍珠桥下的河水。

但是，全国学生不顾反动政府的镇压，继续开展斗争。各地人民还展开了抵制日货运动，打击了日本帝国主义的经济侵略。

1931
9月小
18
星期五

1929年，资本主义世界发生了严重的经济危机。日本帝国主义为了摆脱经济危机，决定乘蒋介石全力围剿红军的机会，占领我国东北，逐步吞并全中国，妄图把中国变成它的殖民地。

☞ 江桥抗战是如何打响抗日第一枪的

“九一八事变”爆发后，黑龙江省主席万福麟出逃，黑龙江省一时群龙无首，人心惶惶。马占山临危受命，就任黑龙江省代理主席、军事总指挥。马占山出生在贫苦家庭，年轻时候被诬告成盗马贼，赌气之下曾落草为寇。他有一身马上的好功夫，又有一手娴熟的枪法，浑身是胆。

马占山就职后，不顾蒋介石的不抵抗命令，正义凛然地表示：“守土有责，决不能将黑龙江寸土尺地让于敌人。我的力量固然不够，他来欺负我，我已决定与日本拼命，保护我领土，保护我人民。”

11 月 4 日凌晨，4000 名日军在飞机、铁甲车和山炮掩护下，向今天黑龙江省泰来县的江桥发起猛烈攻击。马占山立令守军还击，中午时，日军溃退回南岸。下午 3 时，敌人集中兵力，密集进攻。我军等敌军到百米处，冲入敌阵展开白刃战，使敌人的飞机、大炮成了摆设，用不上。敌军向江桥溃败，又遭到在芦苇内埋伏的我军堵截，敌人增派的援兵也在桥上被我骑兵冲断，400 多名日军丧命。

5 日，日军增加兵力。守军前线吃紧，马占山冒着生命危险亲赴前线督战，稳住了军心。此后一直到 11 月 18 日，马占山率部在极端困难条件下进行坚守，终因众寡悬殊，力尽援绝，最后不得不撤出阵地。19 日，马占山率部在杨家屯全歼追敌 400 余人，有计划地退守克山、拜泉、海伦等地。

江桥抗战成为中国人民正面抗击日本侵略者的第一次战役，虽然失败，但英勇的黑龙江守军面对几倍于己的敌人，毙伤日伪军 6000 多人，给全国人民以极大鼓舞。

☞ “一·二八”淞沪抗战的经过是怎样的

在日本间谍策划下，1932 年 1 月 18 日，五名日本僧人向中国三友实业社总厂的工人义勇军投石挑衅，我工人被迫还击。此后事态在日方操纵下被故意闹大。21 日，日本方面提出道歉、惩凶、赔偿、解散抗日团体四项无理要求。国民党上海市长吴铁城答应件件照办。但贪得无厌的日本又借口保护闸北日侨，于28日深夜派军队进攻闸北，“一·二八事变”爆发。

驻守上海的中国守军第十九路军在军长蔡廷锴的带领下奋起回击。上海民众在中共领导和推动下，纷纷组建救护队和义勇军，积极支持第十九路军抗战，多次打退敌人进攻。

进入2月后，日军频频增兵，到27日，总兵力增至9万人、军舰80艘、飞机300架。当时中国守军总兵力不足5万，装备又差，而且经一月苦战，伤亡比较严重。后方官兵纷纷请缨抗战，蒋介石却拒绝再向上海增兵。淞沪守军寡不敌众，被迫退守嘉定、太仓一线。3月2日，日军攻占上海，3日战事结束。

此役中，中国军队在人民支持下浴血奋战，连续击退日军进攻，使敌三易主将，数次增兵，死伤逾万，受到沉重打击。但蒋介石当局妥协退让，不派援兵，守军被迫撤退。后在英、美、法、意等国“调停”下，5月5日，国民党政府与日本签订丧权辱国的《淞沪停战协定》，协议规定中国军队不得驻扎上海，只能保留保安队。不久，国民党政府将英勇抗战的第十九路军调往福建“剿共”。

☞“满洲国”是一个什么样的政权

历史上，“满洲国”是日本侵华的工具，建于1932年，随着1945年日本战败而垮台。

日本为实现对我国东北的殖民统治，于1931年9月22日制定了一个《满蒙问题解决方案》，决定建立一个以清朝末代皇帝爱新觉罗·溥仪为“元首”的“新国家”。1932年2月18日，汉奸们在沈阳召开炮制伪满洲国的“建国会议”，发表《独立宣言》；同年2月25日公布《新国家组织大纲》，规定“新国家”称“满洲国”，“元首”称“执政”，“国旗”为“五色旗”，“年号”为“大同”，“首都”设在长春。

1932年3月1日，发布《建国宣言》，宣布“满洲国”正式成立。

1932年3月9日，溥仪上任"执政"的就职典礼举行，日本帝国主义策划的"满洲国"正式成立，改长春为"新京"，任命郑孝胥为"国务总理"。

1934年3月1日，"满洲国"正式更名为"满洲帝国"，溥仪改称"皇帝"，年号为"康德"，由"中央行政体制"改为"君主立宪制"。10月，"满洲帝国"将热河省在内的原东北四省划为10个省，又把原来的兴安省划分为东、南、西、北四省，实际分为14个省。至1941年，"满洲帝国"由19省1市所构成。

☞ 长城抗战是怎么回事

在中国抗战历史上，长城抗战往往被许多人所忽视。长城抗战是指1933年3月至5月，中国军队为抗击进攻热河（今分属辽宁、河北、内蒙古）的侵华日军，在长城沿线的冷口、古北口、喜峰口和滦东等地进行的作战。

1933年年初，日本关东军司令官武藤信义指挥关东军和日伪军共7万多人，企图攻占热河、古北口以东的长城一线，伺机进占冀东。国民党政府在中国共产党、全国人民和国民党内爱国人士一致要求抗日的压力下，由张学良（3月12日起由何应钦接替）指挥，先后调集14个军共20余万人，试图保卫热河和依托长城阻止日军进关。

在长城抗战中，我军民团结一心，奋勇当先，并于4月下旬收复滦东。这时，日本关东军以中国军队"挑战"为借口，于5月3日入关作战。

至5月23日，日军先后占领冀东的丰润、密云、怀柔等多个县市。中国守军退至平津附近。日军从南、东、北三个方向对北平形成威逼态势。25日，何应钦派军使至密云向日军求和。31日，双方代表在塘沽签订了使中国丧权辱国的《塘沽协定》，在事实上承认了日本对东北三省和热河的占领，并把冀东置于日伪势力范围之内。广大爱国军民所进行的长城抗战，终因国民党政府采取妥协退让的方针而导致失败，但他们的斗争精神却激励着后来者。

☞ 察哈尔民众抗日同盟军是如何进行抗日的

察哈尔民众抗日同盟军是由爱国将领冯玉祥、吉鸿昌等人于1933年5月26日在张家口建立的抗日武装，又称察绥抗日同盟军。

在长城抗战中，由于蒋介石坚持不抵抗政策，祖国大好河山岌岌可危。冯玉祥接受中国共产党的建议和帮助，于5月26日在张家口通电成立民众抗日同盟军，自任总司令，先后响应加入者达七八万人。同盟军接受中共河北省前线工作委员会的指导。6月下旬，方振武被任命为北路前敌总司令，吉鸿昌为北路前敌总指挥。在吉鸿昌率领下，同盟军接连收复康保、宝昌、沽源三县城。7月12日，再攻克多伦。

对同盟军的抗日斗争，蒋介石先是暗中阻挠破坏，后来便明目张胆地镇压。日军也同时向察哈尔省调动。8月5日，冯玉祥在蒋军及日军的双重压迫下，通电结束抗日军事行动，取消同盟军总部，离开张家口。吉鸿昌、方振武等按照中共河北省前线工作委员会的决定，将队伍转移至张北，由方振武出任代总司令，改称讨贼联军。9月转入河北，与蒋介石的军队和日军周旋于昌平、高丽营、大小汤山一带。10月中旬，弹尽粮绝，终于失败。其后，方振武被迫流亡国外；吉鸿昌在天津法租界被捕，在北平英勇就义。

☞ “华北五省自治”是怎么回事

1935年夏，日本帝国主义发动了对我国华北的侵略，大批日军进入关内，威胁北平、天津。在日本新的军事进攻面前，蒋介石继续实行卖国政策。继《塘沽协定》后，国民政府代表何应钦同日本华北驻屯军司令官梅津美治郎秘密签订了卖国的《何梅协定》，答应撤退河北的中央军队，撤换平、津两市市长，取缔一切抗日组织活动。日本帝国主义大肆收买汉奸，策动河北、山东、山西、察哈尔、绥远“华北五省自治”，妄图使其变为日本的殖民地。

1935年10月，日本煽动河北省东部香河、昌平、武清等县的“饥民”暴动，占据香河县城，并成立由汉奸组成的临时维持会。接着，日本扶植汉奸殷汝耕在河北通县成立“冀东防共自治政府”，控制冀东22县，宣布脱离国民政府。日本政府制定的《处理华北纲要》中，规定了日本对“冀察政务委员会”的“指导地位”，并提出“先求逐步完成冀察两省及北平、天津两市的自治，进而使其他三省自然地与之合流”。

而更让人不可思议的是，为适应日本提出的“华北政权特殊化”的要求，当时的国民政府竟然成立“冀察政务委员会”来迎合日本，任命宋哲元为委员长，起用大批亲日分子担任职务，以谋取日本“谅解”。华北主权的沦丧，使中国的民族危机更加严重。

☞“一二·九运动”爆发的经过及其历史意义

华北事变令中华民族处在亡国的危急关头。为反对国民党政府成立“冀察政务委员会”，1935年12月9日，在中国共产党领导下，北平大中学校的学生数千人齐集新华门进行请愿。学生提出抗日要求，被无理拒绝。他们愤怒至极，立即举行示威游行。学生高呼“打倒日本帝国主义”“停止内战，一致对外”“反对华北自治”等口号。他们与前来镇压的反动军警展开了英勇搏斗，最终有100多人受伤，二三十人被捕。

12月16日，是原定“冀察政务委员会”成立的日子。当日，北平学生、市民上万余人，再次冲破军警的包围袭击，先后在天桥、正阳门前广场两次召开市民大会，通过《不承认冀察政务委员会》《反对华北任何傀儡组织》《收复东北失地》等议案，并举行了更大规模的示威游行，迫使“冀察政务委员会”延期成立。之后，北平学生又迅速组成南下扩大宣传团，深入民众中宣传抗日救国思想。

北平学生的英勇斗争，很快得到全国人民的支持和响应，许多城市的学生先后举行了声势浩大的示威游行。“一二·九运动”公开揭露了日本帝国主义侵略华北的阴谋，打击了国民政府的妥协投降政策，大大促进了中国人民的觉醒，对建立抗日民族统一战线，以及实现全面抗战，起到了重要的历史作用。“一二·九运动”掀起了全国抗日救亡运动的新高潮。

“一二·九运动”以后，在共产党的号召下，平津学生组织“中华民族解放先锋队”，开展了广泛的抗日救亡工作。大批学生走上了同工农结合的革命道路。

☞ 瓦窑堡会议对中国抗日战争有什么指导意义

“九一八事变”后，日本为吞并华北五省，加紧侵略。中国人民掀起了抗日民主运动的新高潮，共产党面临着从土地革命战争向民族革命战争转变的新形势。

1935 年 12 月 17—25 日，党中央在陕北瓦窑堡召开了中央政治局会议，通过了《中央关于军事战略问题的决议》《中央关于目前政治形势与党的任务决议》等决议案。27 日，毛泽东根据会议精神做了《论反对日本帝国主义的策略》的报告，圆满地解决了党的政治路线问题。

《关于目前政治形势与党的任务决议》指出，党的策略路线是在发动、团聚与组织全中国全民族一切革命力量去反对当前主要敌人：日本帝国主义与卖国贼头子蒋介石；并且提出“关门主义是党内的主要危险”。为适应抗日统一战线的要求，决议规定将“苏维埃工农共和国”改为“苏维埃人民共和国”，同时改变不适应抗日要求的部分政策。

瓦窑堡会议是遵义会议的继续和发展，确立了抗日民族统一战线政策，既着重批判“左”倾教条主义在政治策略上的错误，又警戒全党汲取大革命中无产阶级放弃领导权而导致革命失败的教训，从而使党在新时期将要到来时掌握了政治上的主动权。这有力地表明，中国共产党在总结革命中的成功和失败的经验和教训的基础上，已成熟起来，能够从中国的实际情况出发，创造性地进行工作。

☞ 全国各界救国联合会是个什么样的组织

在中国共产党“停止内战，一致抗日”的号召和全国抗日救亡运动的影

中華
萬歲
卫華北
武裝
来

华北事变令中华民族处在亡国的危急关头。为反对国民党政府成立“冀察政务委员会”,1935 年 12 月 9 日,在中国共产党领导下,北平大中学校的学生数千人齐集新华门进行请愿。学生提出抗日要求,被无理拒绝。他们愤怒至极,立即举行示威游行。

响下，上海知名人士马相伯、沈钧儒、章乃器、邹韬奋等200余人，于1935年12月12日联名发表《上海文化界救国运动宣言》，发起救国运动，在上海成立了妇女救国联合会（简称全救会）、文化救国会等救亡团体，并于1936年1月28日正式成立了上海各界救国联合会。随后，各地争相响应。

在宋庆龄、沈钧儒等人的号召下，1936年5月31日，全国20余省60多个救国团体的代表在上海集会，成立了全国各界救国会，选举了宋庆龄等40余人为执行委员，沈钧儒等14人为常务委员。成立大会还通过了救国会宣言和《抗日救国初步政治纲领》等文件，宣称救国会的宗旨是“团结全国救国力量，统一救国方策，保障领土完整，谋取民族解放”。“全救会”成立后，在华南、华北、西北和南京、济南、武汉等地先后成立了各界救国联合会，旅居海外的华侨在各地也成立了抗日救国会。

“全救会”的成立，有力地推动了各地的抗日救亡运动。抗日战争时期，救国会成员的主要活动是创办刊物，宣传抗战，他们先后创办了《抗战》《全民周刊》《全民抗战》等刊物。抗战胜利后，全国各界救国联合会改称“中国人民救国会”。新中国成立后，鉴于救国会的历史任务已经完成，遂于1949年12月18日在北京宣告结束。

☞ 西安事变是如何和平解决的

1936年12月12日，张学良、杨虎城在西安发动兵谏，逼迫蒋介石抗日，这就是西安事变，亦称“双十二事变”。

“西安事变”发生后，南京国民政府中以何应钦为首的亲日派主张进攻西安，借机扩大事态，夺取蒋介石的统治权力，进一步与日本妥协。英美帝国主义及亲英美的宋子文、孔祥熙则希望事变和平解决，以维护蒋介石的统治地位和英美在华利益。宋子文、宋美龄委托英籍顾问端纳飞赴西安探视情况。16日，国民政府任命何应钦为“讨逆军”总司令，并做了相应军事部署，派飞机轰炸西安临近地区。

中共中央分析了国内外形势，确定了和平解决事变的方针。17日，以周恩来为首的中共代表团到达西安，与张、杨恳切会谈，并接见各方人士，坚决主张和平解决这次事变。22 日，宋子文、宋美龄飞抵西安开始与张、杨及中共代表会谈，24 日，达成了改组国民党与国民政府、驱逐亲日派、释放上海爱国领袖、释放一切政治犯、保障人民权利、联共抗日等多项协议。周恩来曾会见蒋介石，蒋介石表示以人格担保，履行上述协议。20 日下午，张学良护送蒋介石飞离西安。

“西安事变”的和平解决，推动了国共两党再次合作，实现了团结抗日，中国由此实现了从国内战争到全国抗战的伟大转变。但蒋介石后来背信弃义，使张学良遭长期监禁，杨虎城惨遭杀害。

☞ 马占山如何打响武装抗日斗争的第一枪

1931 年 11 月 4 日，在黑龙江省嫩江桥及附近地区，东北军爱国将领马占山率领中国军队，向发动进攻的日本侵略者奋起反击，打响了武装抗日斗争的第一枪，揭开了中国武装抗日的序幕。

马占山，字秀芳，1885 年生于奉天怀德（今吉林公主岭），祖籍河北丰润。他绿林出身，精于骑射。1907 年入奉军第六骑兵旅，1929 年被张学良任命为黑龙江省骑兵总指挥。1930 年任黑河警备司令兼黑龙江省陆军步兵第三旅旅长。“九一八事变”后，由于南京政府对日本侵略采取了消极的不抵抗政策，致使日军在轻易攻陷辽、吉两省后，又开始进犯黑龙江省，欲吞并东北全境。10 月，时任黑龙江省政府代主席兼军事总指挥的马占山，不满蒋介石奉行的不抵抗错误政策，决心抵御日军进攻。敌军打算通过嫩江大桥，向北进犯当时的黑龙江省会齐齐哈尔，占领全省。为了防止敌军通过大桥，马占山让驻军烧毁嫩江桥桥面并毁坏 3 个桥孔，令日军阴谋破产。11 月 4 日，日军在飞机、大炮和装甲车掩护下，出动 4000 多人，向嫩江桥发起进攻。中国守军奋起还击，江桥战役打响。中国军队在嫩江大桥及其附近的大兴地区，与日军展开了殊死拼杀。马占山将军一面调兵遣将，一面亲临前线指挥。将士们同仇敌忾，在装备落后、没有防空和反坦克武器的不利情况下，击退敌人的一次次进攻，日军嫩江支队一部遭到围歼。这次战斗，日军共损失兵力1000余人，是“九一八事变”以来受到的首次重挫。

江桥抗战，打响了武装抗击日本侵略者的第一枪，得到全中国人民的高度赞扬与支持，激发了中国人民的爱国热情。马占山将军“为国家争国格，为民族争人格”的牺牲精神，奋起抵抗并重创入侵之敌的英勇壮举，极大地推动了中国抗日爱国运动的高涨。

☞“华北事变”是怎么回事

“华北事变”是指1935年日本帝国主义企图把华北从中国分离出去而制造的一系列侵略事件，其内容包括“河北事件”及《何梅协定》，“张北事件”及《秦土协定》，“华北五省自治运动”及“冀察政务委员会”，这些事件基本上都发生在华北地区，故称“华北事变”。

1935年5月初，在天津日租界发生了亲日分子《国权报》社长胡某和《振报》社长白某被暗杀的“河北事件”。日本华北驻屯军参谋长酒井隆等密谋挑起事端，声称此案“系中国排外之举动，若中国政府不加以注意改善，则日方将采取自卫行动”，向国民政府提出无理要求，并调兵遣将，驻津日军连日在河北省政府（当时天津是河北省会）门前武装示威，并举行巷战演习。6月，国民党军委会华北分会代理委员长何应钦与日本华北驻屯军司令官梅津美治郎谈判，达成了所谓的《何梅协定》。按协议规定，中国军队从河北撤退，取消河北省内的国民党党部；禁止河北省内的一切反日活动。《何梅协定》的签订，使日本帝国主义实际取得了对华北的控制权。

“河北事件”一波未平，又发生了“张北事件”。5月30日，4名没有护照的日本特务机关人员潜入察哈尔省境内绘制地图，行至张北县，被当地驻军扣留，察哈尔省主席宋哲元为避免引起事端，即令释放。由于日方以此为借口提出了蛮横要求，6月27日，察哈尔省民政厅厅长秦德纯和日军特务头子土肥原贤二达成《秦土协定》。其主要内容为：向日军道歉，撤换与该事件有关的军官，担保日本人今后在察哈尔省可以自由行动；取消在察哈尔省的国民党机构，成立冀东非武装区，第二十九军从该地区全部撤退；中国方面停止向察哈尔省移民，察哈尔省主席宋哲元撤职。这样，冀察两省大部分的主权丧失。

☞ 失败的“福建事变”有何意义

“福建事变”是1933年11月至1934年2月，国民党第十九路军主要将领与爱国人士在福建发动的抗日反蒋事变。“一·二八”淞沪抗战后，在上海英勇抗日的第十九路军被蒋介石调往福建“剿共”。第十九路军主要将领和广大官兵厌恶内战，加之民族危机日益严重，要求抗日反蒋的情绪逐渐高涨。在中国共产党抗日主张影响下，1933年10月26日，福建省政府、第十九路军代表与中华苏维埃共和国临时中央政府、工农红军代表在江西瑞金签订了《反日反蒋的初步协定》。福建省政府主席蒋光鼐、第十九路军总指挥蔡廷锴联合国民党爱国将领李济深、陈铭枢及民主人士等，经过协商准备，于11月20日在福州召开中国人民临时代表大会，发表《人民权利宣言》，公开与蒋介石决裂。22日成立中华共和国人民革命政府（亦称福建人民政府），李济深任政府主席兼军事委员会主席，蔡廷锴为人民革命军第一方面军总司令，陈铭枢为总政治部主任，辖5个军(10个师)5万余人。

事变发生后，蒋介石立即采取军事镇压与政治瓦解措施，欲扼杀这股反蒋势力。他组织“讨逆军”，自任总司令，指挥以蒋鼎文、张治中、卫立煌为总指挥的第二、第四、第五路军共12个师和海、空军等约15万人，从浙、赣、粤三省分路进攻福建。同时勾结日、英等帝国主义国家派出军舰11艘、陆战队400人侵入福建省海域、港口，策应作战。李济深等决定放弃闽北，坚守福州，以11个团分守延平（今南平）、水口、古田诸要点与厦门、马尾等港口，集中主力22个团于福州附近组织防御。12月21日，蒋军第二、第四、第五路军分别向建阳、浦城、邵武推进；22日起，航空队连续轰炸延平、古田、福州、漳州等城镇。23日海军进入马江，占领马尾、长门要塞，封锁闽江口。25日蒋军分别占领屏南、建瓯、顺昌。1934年1月5日，第五路军第三十六师进攻延平，革命军据守城外九峰山及东北高地，顽强抵抗，激战竟日，因寡不敌众，延平失守。蒋军乘胜前进，7 日攻陷水口，并包围古田。10 日，厦门因守军倒戈，沦入蒋军手中。12 日古田守军 3 个团困守无援，被第二路军第八十八师缴械。水口、古田既失，福州无险可守，15 日革命军向闽江以南撤退。18 日蒋军不战而入福州。革命军撤至仙游时，遭第五路军截击，遂以一部掩护，主力退集泉州。21 日，蒋军向晋江追击，占领漳州。同日，革命军第一军至第四军军长联名通电拥蒋，至 2 月中旬革命军被改编处理完毕。

李济深、陈铭枢、蒋光鼐、蔡廷锴先后败走香港。“福建事变”试图建立抗日反蒋政权，虽然失败，但对蒋介石“攘外必先安内”的反动政策是一次沉重打击，对后来“停止内战，一致抗日”具有积极意义。

正面战场

☞“七七事变”的经过是怎样的

1936年日本制订的总体战略计划——“国策基准”出笼后，日本举行了一次“将官”演习，向参加演习的将官交代了全面侵华的战争部署。此后，日本增兵中国东北，抽调精锐部队中国驻屯军进驻平津一带，频繁举行军事演习进行挑衅，伺机挑起战争。

1937年7月3日，关东军参谋长东条英机向日本政府提议立即给中国以打击，随即，日军于7月7日进攻卢沟桥。卢沟桥横跨永定河，属河北省宛平县，距北平仅30里，是保卫北平的屏障。驻军是第二十九军，总兵力约有10万人。

7月7日夜10时，驻丰台日军河边旅团第一联队第三大队第八中队，由中队长清水节郎率领，在卢沟桥以北地区举行以攻取卢沟桥为假想目标的军事演习。11时许，日军诡称演习时一士兵离队失踪，要求进城搜查。在遭到中国驻军第二十九军第三十七师二一九团团长吉星文的严词拒绝后，日军迅即包围宛平县城。次日凌晨2时，第二十九军副军长兼北平市市长秦德纯为防止事态扩大，经与日方商定，双方派员前往调查。但日军趁交涉之际，向宛平县城猛烈攻击，并强占宛平东北沙岗，打响了攻城第一枪，中国守军忍无可忍，奋起还击。日军在同一天内，连续进攻宛平城三次，中国守军英勇抵抗。

8日，北平当局令驻军坚守卢沟桥，国民政府外交部为卢沟桥事变向日本大使提出口头抗议。日本内阁会议提出所谓“事件不扩大，就地解决”的方针，欺骗世界舆论，麻痹国民党当局，争取时间调集部队。

9日，北平当局与日军达成停战协议。在中国军队撤退之时，日军反而大批调兵向中国军队进攻。从11日起，日军不断用大炮轰击宛平城及其附近一带，城内居民伤亡颇多，团长吉星文亦负伤，就将城内居民向城外比较安全的地带疏散。战事由此扩大到八宝山、长辛店、廊坊、杨村等处。第二十九军各部分散于各处应敌，日军加紧进攻。7月29日，北平失陷。

卢沟桥事变是日本全面侵华战争的开始，也是中国全国性抗战的起点。

☞ 淞沪会战如何打破了日军“三月亡华”的迷梦

1937 年 7 月，日军相继占领北平、天津。7 月 31 日，蒋介石发表《告抗战全体将士书》，“和平既然绝望，只有抗战到底”，宣告战争已经全面爆发。

考虑到某些政治因素，蒋介石决定在上海与日军寻求决战。中国军队扮作保安队进入上海市区。日本军队则以保卫租界为名，占领租界外的地区。8 月 13 日，战事爆发。

中方动员了 70 万将士，日方动员了 27 万精锐的陆海空三军。这是一场不宣而战的战争，双方甚至还没有断绝外交关系。

8 月 14 日，国民政府发表《抗战自卫书》，宣布：“决不放弃领土之任何部分，遇有侵略，唯有实行天赋之自卫权以应之。”蒋介石亲任陆海空军大元帅。8 月 15 日，日本近卫内阁也公开放弃“不扩大方针”，宣布全国动员，成立作战大本营，并组建上海派遣军，以松井石根为司令官，率第三、第十一师团驰援上海。此即为淞沪会战。

战役初期，中国军队占据主动；11 月 5 日日军在杭州湾登陆，中国军队陷入腹背受敌的形势，战局急转直下；11 月 8 日蒋介石下令全线撤退；11 月 12 日上海失守，淞沪会战结束。

在淞沪会战中，中国军队伤亡 25 万人，粉碎了日军“三月亡华”的迷梦。上海也成为了侵略者的坟场，日军尸横遍野，不得不多次从国内增调援兵。战争结束后，上海市面上一时白布奇缺，都被日本人拿去裹了尸体；外虹桥码头仓库里到处堆满了等待船运的日本兵尸体，据老码头工人说，战争过去十多天了，仓库里还有不少尸体呢。

☞ 平型关大捷的经过是怎样的

1937 年 9 月中旬，沿平绥路西进的侵华日军占领大同后，分兵两路向雁门关、平型关一线进攻，企图进逼太原。为了配合友军作战，阻挡日军的攻势，八路军第一一五师在师长林彪、副师长聂荣臻指挥下，奉命开抵平型关地区集结待机。

9月23日，第一一五师派出独立团和骑兵营插到灵丘、涞源、广灵之间地区活动，以牵制和打击增援平型关之日军。24日夜，又以3个团的兵力冒雨设伏于平型关东北公路两侧山地，等待来犯之敌。

25日7时许，日军第五师团(板垣师团)第二十一旅后续部队全部进入设伏地域，八路军居高临下，迅速向敌发起猛烈攻击，顿时打乱了日军的指挥系统，敌车自相碰撞，人仰马翻，乱成一团。这时，我军战士勇猛地冲向公路，双方展开了短兵相接的白刃肉搏战。

经过一天的激战，八路军取得了平型关大捷的胜利。八路军在平型关大捷中击毙日军1000余人，击毁汽车100余辆、马车200余辆，缴获步枪1000余支，机枪20余挺，火炮1门，以及大批军用物资，取得了全国抗战开始以来中国军队的第一个大胜利。

平型关大捷是中国抗战以来第一个歼灭战的胜利，也是八路军首次集中较大兵力对日军进行的一次成功的伏击战。在当时正面战场，八路军首战告捷，有力地打击了日军的疯狂气焰，打破了日军不可战胜的神话，从而极大地振奋了全国的民心、士气，使全国人民看到了中华民族的希望所在。

☞ 八路军怎样夜袭阳明堡机场

1937年10月，刚由红军改编而来的八路军一二九师七六九团奉命东进，侧击从雁门关南下的日军。途中发现日军在阳明堡机场驻有飞机20余架，而守备兵力却非常薄弱，团长陈锡联果断决定奇袭阳明堡。经过周密侦察，制订了作战计划，由素以夜战见长的三营主攻机场，一营、二营负责破击周围公路并阻挡可能来援之敌；团迫击炮连位于滹沱河南岸，支持三营作战。

10月19日晚，三营乘着夜色悄然来到机场附近，在当地群众协助下偷渡滹沱河之后，以第九连警戒阳明堡方向可能来援的日军，以第十连、第十一连和机枪连组成突击队，以第十二连做预备队。以隐蔽动作爬过铁丝网从机场东西两侧隐蔽进入机场，一直进到距飞机约30米时，才被日军哨兵发觉。但是一直疏于备战的日军还没来得及反应，三营就兵分两路，同时对机场警备部队和跑道上的飞机发起了攻击，一时间枪声大作，手榴弹爆炸的火光照亮了夜空。负责炸飞机的十一连以迅捷的动作冲进机场中央，向停在地面的飞机扑去，没有合适的爆破武器，就用几枚手榴弹绑在一起扔进飞机机舱，或是用机场边的汽油引燃飞机，不到半小时就将机场上的20多架飞机全部报销。

此战中，七六九团仅以伤亡30余人的代价歼灭日军100余人，毁伤飞机24架，使日军在晋西北战场空中力量遭到沉重打击，有力地支持了正面战场在忻口地区的防御作战。

☞ 雁门关伏击战是如何进行的

这是抗日战争时期，八路军第一二〇师第三五八旅第七一六团在山西省代县雁门关地区对日军汽车运输队进行的伏击战斗。

1937年10月，日军侵占大同后，继续向南进犯太原。为配合国民党军在忻口的防御作战，第三五八旅第七一六团奉命深入日军侧后，在代县的广武、雁门关、太和岭间，破击大同经代县、忻口到太原的公路，打击日军运输队，截断日军补给线。

18日，第七一六团主力在团长贺炳炎、政治委员廖汉生率领下，设伏于雁门关以南黑石头沟公路西侧高地。上午，日军运输汽车50余辆，满载兵员、弹药，由北向南驶入伏击区。第七一六团即以密集的火力进行袭击。激战中，日军又有汽车200余辆由阳明堡方向向北驶来。第七一六团即分兵一部阻击该敌。激战至夜间，日军援兵又至，第七一六团遂撤出战斗。此战，共毙伤日军300余人，击毁汽车20余辆。

20日夜，第七一六团一部复占雁门关，另一部破坏了广武至太和岭间的公路及桥梁。21日晨，第七一六团再次设伏于黑石头沟地区。日军由南向北的汽车200余辆和由北向南的汽车数十辆相向而来，当其先头车辆

1937 年 10 月，刚由红军改编而来的八路军一二九师七六九团奉命东进，侧击从雁门关南下的日军。途中发现日军在阳明堡机场驻有飞机 20 余架，而守备兵力却非常薄弱，团长陈锡联果断决定奇袭阳明堡。

驶入伏击区时,第七一六团居高临下,以突然而猛烈的火力展开攻击。日军在8架飞机支持下进行反扑。第七一六团毙伤日军一部后撤出战斗。该团两次伏击战斗,共毙伤日军500余人,击毁汽车30余辆,一度切断繁峙至忻口间交通,有力配合了国民党军的忻口防御作战。

☞ 忻口作战是如何打出中国军人英勇形象的

国共合作后,双方军队同时开赴华北抗日前线,迎击日军的猖狂进攻。由国民党军队担负正面攻击,共产党军队担负外围作战,在国民党将领卫立煌统一指挥下,抗击沿北同蒲线南下的日军。

忻口战役从1937年10月13日开始,至11月2日结束,历时21天。国共两军密切配合,浴血奋战,不断击退日军疯狂的进攻,显示了中国人民坚强的抗战决心和伟大的抗战力量。在战场上,我军处于敌人飞机轰炸与炮火轰击之下,日间只好伏在掩体之内坚持抵抗,待到夜间才能换防。进攻受挫的日军兽性大发,竟施放毒瓦斯,并以火焰放射器配合大口径迫击炮,抛射凝缩汽油弹,对我军猛攻。中国守军阵前阵后顿成火海,士兵被溅上凝缩汽油后,除了倒地自行滚转外,根本无法进行救护。

国民党一些高级将领亲临前线,第九军军长郝梦龄、第五十四师师长刘家麒、独立第五旅旅长郑廷珍等多位将领为国捐躯,许多官兵身负重伤,不下火线。

与此同时,配合外围作战的八路军亦英勇奋战,攻击了日军后方的十多个县城,使进犯忻口的日军与大同、张家口的交通中断,物资供应断绝,不得不靠就地抢劫和飞机空运来勉强维持。在忻口作战中,中国军队歼灭日军近万人,在抗日战争史上写下了光辉的篇章。

☞ 中国军队是如何保卫太原的

日军在忻口得手以后,立即逼近太原。在保卫太原的问题上,第二战区司令部发生了分歧,在阎锡山的坚持下,傅作义受命负责保卫太原。同时命令卫立煌率忻口部队向太原周围地区转移，协助傅作义守太原。但兵败如山倒，忻口退下的部队被日军打散。11 月 7 日，日军到达太原城郊，太原城陷入日军的重重包围之中。

自 11 月 8 日清晨开始，日军在飞机大炮和装甲车的配合下，从东、北两面猛攻城内，太原城陷入一片火海之中，三丈高的城墙被炸得不足两丈。到 9 时许，城墙多处被炸开，敌人步兵向城中猛冲，中国守军誓死不退，反而把城墙各缺口封锁，并歼灭入城之敌。但到入夜，日军突然向城内空降兵力，内外夹击，中国守军因连日血战，已寡不敌众，城防司令傅作义泪流满面，下令仅存的 2000 余名将士由大南门突围，向晋南转移，太原于当日失守。

太原会战是抗日战争中国共合作抗击日寇的一次会战。按作战顺序，太原会战包括天镇战役、平型关战役、忻口战役、娘子关战役、太原保卫战和晋西战役等。核心战役为忻口战役，作战最为激烈。在太原会战中，我军伤亡 10 万余人，歼灭日军 2 万余人，打乱了日本侵略者妄图迅速灭亡中国的阴谋，同时支援了平汉路中国守军的集结、作战和南撤。

☞ 惨绝人寰的“南京大屠杀”的经过是怎样的

淞沪会战结束后，中国军队向南京方向撤退，蒋介石一度准备固守南京，但在上海沦陷后不到 1 个月，日军已经逼近南京近郊雨花台。11 月 20 日国民政府宣布迁都重庆。

1937 年 12 月 13 日，南京沦陷。日军开始了有组织的惨无人道的屠杀活动，并企图通过在中国国都制造恐怖气氛，打击中国人民的抗战斗志。屠杀最初是以肃清未投降的中国军队残部为借口，对于一些平民，往往被日军认定为脱下了军装的散兵而被扣留，随后被集中起来，进行了若干次大规模的集体屠杀，采用的方法有机枪射杀、集体活埋等，手段残忍。

再后来，禽兽不如的日军根本没有任何顾虑，对南京居民随时随地进行任意屠杀。世人熟知的两个进行“杀人竞赛”的日军头目向井敏明、野田毅在南京分别杀了 105 和 106 位平民，连军刀都已砍缺了口，但两人相约杀至

150 人为止。这两个“杀人魔鬼”的竞赛为东京报纸所赞扬，称之为“勇士”。还有个“名气不大”的田中军吉大尉，更是砍死了中国人 300 余人。

侵占南京后的数月间，日军强奸了成千上万的妇女，并往往在事后用刺刀杀死。日军在城内还进行了大肆的抢掠和破坏，使南京几乎变成一座空城、一座人间地狱。

战后，远东国际法庭的判决书认为：“在日军占领后最初 6 个星期内，南京及其附近被屠杀的平民和俘虏，总数达 20 万以上。”这个数字未包括尸体被日军处理了的被害者在内，而且仅是“在日军占领后 6 个星期内”的。据中国学者的仔细调查，重新确认“南京大屠杀”的数目为 34 万人，即集体屠杀 19 万人，零星屠杀 15 万人。1985 年，我国建立“侵华日军南京大屠杀遇难同胞纪念馆”，以警示后人。

☞ 为什么说台儿庄大捷胜之不易

日本侵略军占领南京、济南后，为了迅速实现灭亡中国的侵略计划，连贯南北战场，决定以南京、济南为基地，从南北两端沿津浦铁路夹击徐州。

台儿庄是徐州的门户，它位于徐州东北 30 公里的大运河北岸，临城至赵墩的铁路支线上，北连津浦路，南接陇海线，扼守运河的咽喉，是日军夹击徐州的首争之地。

1938 年 3 月 24 日，日本侵略军濑谷支队向台儿庄发起进攻，与中国守军第二集团军第三十一师展开激战。日军一部突入东北角，被守军击退。27 日，濑谷支队主力一部突入北门，第三十一师与敌展开拉锯战，守军伤亡甚重。28 日，突入台儿庄的日军被第三十一师围攻，敌方损失甚重。29 日，李宗仁遂令第二集团军死守台儿庄阵地，并严令汤恩伯部南下，协助第二集团军解决台儿庄之敌。31 日，中国军队将进入台儿庄之敌完全包围。4 月 3 日，中国军队向日军发起攻击。日军拼力争夺，占领了市街大部。中国军队一次次反击，展开街垒战，夺回被日军占领的市街。6 日晚，中国军队全线攻击濑谷支队。战至 7 日凌晨，除一部分日军突围至峄县附近固守待援外，被围之敌全部被歼。

台儿庄战役是中国军队取得的一次重大胜利。在历时半个月的激战中，中国军队牺牲巨大，参战部队4.6万人，伤亡失踪7500人。但英勇的中国官兵取得了歼灭日军1万余人的巨大胜利。此次战役是继平型关大捷之后全国抗战的又一重大胜利，沉重地打击了日本侵略者的凶焰，鼓舞了全国军民坚持抗战的斗志。

☞“保卫大武汉”是如何进行的

日军侵占南京后，武汉实际上成为当时全国军事、政治、经济的中心。1937年12月13日，国民政府军事委员会拟定保卫武汉会战计划。在徐州失守后，即调整部署，先后调集约130个师共100万余人，利用大别山、鄱阳湖和长江两岸地区有利地形，组织防御，保卫武汉。

1938年5月，日军攻陷徐州后，决定先以一部兵力攻占安庆，作为进攻武汉的前进基地，然后以主力沿淮河进攻大别山以北地区，由武胜关攻取武汉；另以一部沿长江西进。后因黄河决口，被迫中止沿淮河主攻武汉的计划，改以主力沿长江两岸进攻。日军先后投入武汉作战的兵力达35万余人，而当时日本全国陆军的总兵力不过90万人。

从1938年7月起，残酷的“武汉保卫战”拉开了帷幕。双方先后在长江南岸地区、长江北岸地区、大别山北麓地区进行作战。中国军队奋勇杀敌，寸土必争。但由于处处设防，分兵把守，缺少掌握强有力的预备队，同时没有充分发动群众，破坏对方交通线，因此，未能阻止日军前进。在日军已达成对武汉包围的情况下，为保存力量，中国军队于10月25日弃守。日军26日占领武昌、汉口，27日占领汉阳。

武汉保卫战，是抗日战争中规模最大的一次战役，中国军队英勇抗击，消耗了日军大量有生力量，迟滞了日军行动。日军虽然攻占了武汉，但其速战速决，迫使国民政府屈服以结束战争的目的并未达到。此后，抗日战争进入战略相持阶段。

☞ 中国军队在万家岭大捷中如何全歼日军整个师团

在武汉会战中,中国军队取得了振奋人心的万家岭大捷。

当时,侵华派遣军第一〇六师团从九江沿南浔铁路(南昌至九江)南犯。我军依托庐山两侧及南浔铁路北段的有利地形进行顽强抗击,日军进攻受挫。8 月 20 日,日军第一〇一师团从湖口横渡鄱阳湖增援,突破第二十五军防线,攻占星子,协同第一〇六师团企图攻占德安,夺取南昌,以保障西进日军的南侧安全。第一兵团总司令薛岳率部协同第二十五军在德安以北的隘口、马回岭地区与之激战,双方成胶着状态。

9 月底,日军第一〇六师团奉冈村宁次命令,孤军深入,进至德安西面万家岭地区。该师团以松浦淳六郎中将为首,下辖步兵第一一一旅团和第一三六旅团,以及骑兵、炮兵、工兵、辎重各一个联队。

敌军的动向被第九战区代司令长官薛岳及时发现,他亲自指挥,组织了三个军七个师另加两个旅,共 10 万余人,从侧后迂回,将其包围。日军第二十七师团一部增援,在万家岭西面白水街地区被我第三十二军等部击退。

10 月 7 日,中国军队发起总攻,激战三昼夜,多次击败日军反扑。日军孤立无援,补给断绝。战至 10 日,日寇一〇六师团和一〇一师团共 6 个联队及参战配属部队共计 17700 余人被歼灭,仅有 1700 人逃跑。1938 年 10 月 13 日,中国军队撤出战场。此次战役是抗日以来第一次(接近)全歼整个日本师团的一次战役,史称万家岭大捷。

叶挺将军曾这样评价万家岭战役:“万家岭大捷,挽洪都于垂危,作江汉之保障,并与平型关、台儿庄鼎足而三,盛名当垂不朽。”

☞ 汪精卫在越南发表的“艳电”是怎么回事

汪精卫于 1883 年生于广东番禺,早年参加中国同盟会,曾任《民报》主编。1910 年因参加暗杀清朝摄政王载沣被捕。辛亥革命后被袁世凯收买,后投奔孙中山。1925 年在广州任国民政府主席,1927 年在武汉发动“七一五反革命政变”。1931 年“九一八事变”后，一贯主张对日本妥协。“七七事变”后，身为国民党副总裁的汪精卫与周佛海、高宗武、梅思平等组成“低调俱乐部”，大肆宣扬失败主义，并暗中进行投降活动。

在抗日战争的战略相持阶段，日本的作战方针一改再改，加强了政治诱降。1938 年 10 月，广州、武汉相继沦陷，汪精卫屈服于日本侵略者的军事进攻和政治诱降，12 月潜逃越南，29 日在《南华日报》以电报形式发表“艳电”，宣布接受日本的主张，公开投降日本侵略者。

“艳”是我国诗韵中去声部的第 29 韵。当时，为了省字（电文按字计费），也为了避免混淆，习惯上用诗韵代日，“艳电”就是指 29 日发的电报。

1939 年 5 月，汪精卫等赴日，与日本当权者直接进行卖国交易。12 月，与日本特务机关签订《日支新关系调整要纲》，以出卖国家的领土主权为代价，换取日本对其成立伪政权的支持。1940 年 3 月，伪国民政府在南京成立，汪精卫任伪行政院长兼国府主席。汪伪政权对沦陷区人民实行残酷的政治压迫和经济掠夺，协助日军进攻抗日根据地，成为日本帝国主义的忠实走狗。1945 年，随着中国人民抗日战争的胜利，汪伪政权也随之瓦解。

☞“焦土抗战”真是指烧焦土地吗

当然不是。焦土抗战指的是：放火烧掉任何可资敌用的财物、设备和房屋，达到以空间换时间。抗战初期，李宗仁将军发表《焦土抗战论》，响亮地喊出“焦土抗战”的口号。他指出，一些人认为，“老大落后”的中国与工业十分先进、军力十分强大的日本相对抗，必败无疑。他说这是一种失败主义的悲观论者。只要我们树立必胜信心，发扬民族决战精神，以己之长击敌之短，把我国辽阔的疆土都变成反侵略战争的战场，实行坚壁清野，实行焦土抗战，陷敌于民族战争的泥沼之中，那么我们就一定能取得最后胜利。

但是，蒋介石却把这种“焦土抗战论”错误理解为放火烧焦城市。武汉失守后，蒋介石担心长沙城被占，便向湖南省主席张治中指示，当长沙无法守住之时，就将其重要设施烧掉，以免被敌人利用。

1938 年 11 月 11 日，张治中召集部属，秘密布置好放火烧城计划，准备了专门放火的部队。11 月 12 日深夜，市内天心阁附近失火。自卫团的丁森等士兵，马上带头把自家房子放火烧起来。士兵们都以为是放火信号，狂呼乱叫着"放火了！"便一齐动手放火烧城。各条街巷，高压水龙头喷射出一条条油龙。霎时间，城内火光冲天，烈火烧红了半边天际。无情的烈火一下便吞没了 2000 多个无辜市民的生命。大火从 12 日深夜一直燃到 14 日才被扑灭，5 万多栋房屋变成焦土，几十万人无家可归。

☞ 全国抗战初期，中国空军是如何在劣势下坚持战斗的

全国抗战开始的时候，中国空军名义上有 500 架飞机，但实际上真正具备空战能力的只有 91 架。就是在这种不利的情况下，中国空军仍然坚持作战，"以奇袭敌空军根据地，轰炸敌舰船，并担任重要城市之空防为原则"，发扬顽强作战的作风，同入侵的日本海、陆军航空队进行了多次殊死搏斗，取得了可喜的战绩。

以 1937 年 8 月下半月为例，15 日，中国空军分 8 批轰炸上海日军阵地和日舰；同日杭州空战，我机击落日机 10 多架；南京空战，击落日机 5 架，日军于本日共损失轰炸机 30 多架。

16 日，中国空军轰炸上海日军阵地和日舰。日海军旗舰"出云号"受创，易地修理。南京空战，击落日机 9 架。

17 日，第五大队轰炸上海日军司令部。飞行员阎海文座机中弹，跳伞后落在敌阵中，他不甘作敌俘虏，以手枪毙敌多人后，用最后一颗子弹自尽。

19 日，第二大队轰炸长江口外日舰。分队长沈崇海和轰炸员陈锡纯的座机发生故障，他们不跳伞，驾机从 2000 米高空对准一艘日舰撞去，与敌同归于尽。

22 日，第四大队代理大队长王天祥率机 8 架，飞往上海浏河轰炸日军登陆部队，与日机遭遇，王天祥击落两架日机后被敌击中，英勇牺牲。同日，中国空军首次夜袭上海日军，此后几乎每日都出动夜袭，每夜至少以 3 机出

动1次。

23日，上海吴淞口空战，日机2架被击落，我机1架被击落，我分队长秦家柱阵亡。

25日，我机12架赴上海罗店，攻击日登陆部队和轰炸日舰。空战中击落日机1架，我飞行员多人壮烈殉国。

31日，广州空战，二十九大队战机8架迎战日机8架，击落、击伤敌机各1架。

在半个月内，中国空军击落日机61架，歼灭了日军号称精锐的鹿屋及木更津两个航空队。涌现出以高志航、刘粹刚、乐以琴、梁添成“四大天王”为代表的许多空中勇士。

当然，总的来看，中国空军在抗日战争之初是处于劣势的。后来，在得到了苏联和美国的帮助后，中国空军才艰难地夺回了制空优势。

☞ 苏联空军志愿队是如何长途奔袭台北基地的

苏联空军志愿队是最早对中国直接进行参战援助的外国武装队伍，早在1937年10月就来华与中国人民一道抗日。他们英勇地创造了一系列战绩，其中，长途奔袭台北基地是最著名的一次战斗。

1938年2月23日，是苏联红军节，这一天志愿队决定长途奔袭日本在台空军基地。指挥官雷恰戈夫决定派出两批轰炸机队：一队是驻在南昌的中苏混合编队轰炸机队，12架飞机；另一队是驻汉口由波雷宁率领的苏联空军志愿队轰炸机队，28架飞机。

当天早晨，两队分别出发。由于领航员计算偏差，南昌起飞的机队没能到达台湾。波雷宁大队由于航程远，不得不用5500米高空直线飞行来节省燃料。从汉口到台北，飞行员们一直忍受着高空缺氧的折磨。

到达台北时，云层中出现“天窗”，苏军迅速钻出云层投弹，机场陷入火海。日本人毫无戒备，战斗机和高射炮都成了“哑巴”。苏军一口气投掷了280枚炸弹，炸毁敌机12架，营房、机库多座，还焚毁了可供使用3年的航空燃油及其他装备，松山机场完全瘫痪，一个多月不能使用。

1941 年 6 月苏德战争爆发，由于国内吃紧，苏联空军志愿队也陆续回国。至 10 月，苏联对华物资和人员援助基本停止。在四年中，苏联总共派遣 3665 人参加中国抗战，包括 1091 名飞行员，211 名苏联优秀儿女长眠中国土地。

☞ 美国飞虎队是如何帮助中国人民抗日的

“飞虎队”全称为“中国空军美国志愿援华航空队”，1941 年 7 月来中国参与抗日，当时美国尚未对日宣战。

“飞虎队”创始人是美国飞行教官陈纳德。他在 1937 年 7 月初抵达中国考察空军。几天之后，中日战争全面爆发，陈纳德接受宋美龄的建议，在昆明市郊组建航校，以美军标准训练中国空军。他还积极协助中国空军对日作战，并且亲自驾机投入战斗。迫于日本外交压力，陈纳德的活动逐渐转为非公开。1941 年，陈纳德在罗斯福政府的暗中支持下，以私人机构名义，重金招募美军飞行员和机械师，以平民身份参战。

7 月和 10 月，200 多人分两批来华，队员多半是年轻勇敢的华侨后代。由于并非正规军，他们更加自由灵活。不久就在昆明初试身手，痛击日本战机。在 31 次空战中，志愿飞虎队员以 5 至 20 架可用的 P－40C 型战斗机共击毁敌机 217 架，自己仅损失了 14 架，5 名飞行员牺牲，1 名被俘。以长着翅膀的飞虎作为队徽、以鲨鱼头形状机头作为标志的“飞虎队”名闻天下。后来，“飞虎队”进一步发展为第十四航空队，帮助中国人民运送抗战急需的物资。至抗日战争结束，第十四航空队击落敌机 2600 架，击沉或重创 223 万吨敌商船、44 艘军舰、13000 艘 100 吨以下的内河船只，击毙日军官兵 66700 名。

☞ 南昌会战的经过是怎样的

南昌东依鄱阳湖，西傍赣江，它既掩护着联系第三、第九两个战区的浙赣铁路（杭州至株洲），又是威胁沿江日军的战略基地，而且还有中国的飞机场。因此，日军占领武汉后，为巩固其占领地，维护长江中下游交通运输线，决定发动南昌会战。

1939 年，日本华中派遣军为切断浙赣铁路，调集海陆空三军 12 万人，由第十一军司令官冈村宁次指挥，于 3 月向南昌进攻。中国第九战区代司令长官薛岳指挥 10 个军 33 个师计 20 万人展开防御。

3 月 17 日起，日军在海军、航空队掩护下，在南浔铁路（南昌至九江）两侧向南昌发动进攻。中国军队英勇抵抗，经巷战肉搏后，于 23 日夜弃守吴城。24 日，日军攻陷万家埠、奉新，逼近南昌。27 日，日军渡过赣江后从北、西、南三面会攻南昌，守军与日军经过激烈巷战，伤亡甚重，于 28 日 2 时奉命撤离，南昌失守。日军攻占南昌后，以第一〇一师团留守南昌，以第一〇六师团置于南昌以西，并以一部沿湘赣公路西进追击，于 4 月 2 日攻陷重镇高安。至此，南昌会战即告结束。

南昌会战是抗日战争进入相持阶段后，中日军队的首次交锋。日军纠集重兵，先发制人，攻势极为猛烈。中国守军奋勇抵抗，牺牲了 4.3 万余名将士。

☞ 薛岳为何抗命打响第一次长沙战役

1939 年 9 月至 10 月，日军为巩固武汉占领区，消灭中国第九战区部队主力，由第十一军司令官冈村宁次指挥 4 个师、2 个支队及海军、航空兵各一部，共 10 万余人，以分进合击战法，从湘北、赣北、鄂南三个方向进攻长沙。中国第九战区代司令长官薛岳指挥 15 个军、1 个挺进军，20 余万人，打算利用山岳江河有利地形组织防御，以逐次抗击、侧击战法消耗日军，诱敌至长沙附近包围歼灭。这就是第一次长沙战役（又称长沙会战）。

由于受南昌会战失败的影响，蒋介石信心不足，为了保存实力，他专门派陈诚和白崇禧前往湘北，要求薛岳不守长沙城。薛岳听说蒋介石要他放弃长沙，竟勃然作色。陈诚和白崇禧都被薛岳的爱国之心所打动，但一来日军进攻疯狂，战况险恶，二来蒋介石有令，不敢不执行，所以，竭力劝其弃守长沙。但富有血性的薛岳将军却表示“将在外，‘军（君）’令有所不受”，他慷慨陈词：“湖南所处战略地位，关系国家民族的生死存亡巨大，作为军人，我们应该发抒良心血性，誓死保卫它！我已下定决心，第九战区誓与湘省共存亡！誓与长沙共存亡！”

此次战役先后经历了赣北作战、鄂南作战、湘北作战等重要战斗。中国官兵上下齐心，奋力杀敌，挫败了日军的战略企图，迫使日军不得不在10月初全线撤退。第一次长沙战役有力地打击了敌人的有生力量，并为此后的两次长沙战役积累了经验。

☞ 昆仑关大捷是如何击败日寇“钢军”的

1939年11月，日军发动了桂南会战。中国军队在广西南宁地区对日军进行了攻坚战，位于南宁北侧的昆仑关成为了日军的坟墓。

12月16日，桂林行营下达了反攻南宁的作战命令。12月18日，第五军进攻昆仑关。荣誉第一师担任主攻，与日寇展开白刃战，首先占领了仙女山。当夜中国军队攻克昆仑关。19日午后，日军在大批飞机掩护下发动反攻，昆仑关又被敌夺去。此后，双方反复争夺，伤亡惨重。第五军军长杜聿明灵活地调动队伍包围了昆仑关之敌，日军凭着“钢军”武士道精神和所占优势地形，顽固抵抗。中国军队采用了“要塞式攻击法”，稳扎稳打，缩小包围圈，一口一口地吃掉敌人。从23日起，敌虽增援2个大队的兵力，旅团长中村正雄亲自督战，也不能挽回败局，反被当场击毙。第五军将士前赴后继，终于夺取了多个重要阵地。31日，邱清泉新二十二师以凌厉攻势突入昆仑关，这次战役遂以中国军队的重大胜利而告结束。日军1个旅团长、2个联队长、3个大队长被击毙，班长以上军官死亡达85%以上，士兵死亡

4000 人，被俘 100 余人。

由于第五军是中国当时最先进的坦克部队，因此昆仑关大捷也是中国陆军第一次运用现代化战争方式打赢的战役，但昆仑关大捷更是军民英勇抗击日军的胜利。战役结束后，在巍峨的昆仑关上建了一座“陆军第五军抗日阵亡将士纪念碑”。

☞ 日军在第二次长沙战役中为何仍然无功而返

1941 年 9 月，日军第十一军司令官阿南惟几指挥海陆空三军共11.5 万人，分两路向长沙发动进攻。第九战区代司令长官薛岳指挥 30 余万中国军队，利用有利地形与已有阵地，逐次抗击，计划诱敌于汨罗江以南、捞刀河以北地区予以歼灭。

9 月 7 日，集结于岳阳西南的日军第六师向大云山地区攻击，遭守军顽强抗击。双方在此一直激战至 17 日，中国军队不支，退回西塘。18 日拂晓，在炮火掩护下，日军强渡新墙河，突破南岸守军阵地。中国守军激烈抵抗后，主力转移其他阵地待机而动。同时，日海军陆战队由岳阳经洞庭湖进攻，从右翼威胁长沙。日军主力迅速向汨罗江挺进。

中国军队在汨罗江南岸阻止日军，并准备从右翼包围日军。此电文被日军破译。21 日，日军强渡汨罗江后，改正面突破为侧翼包围，向东迂回，反包抄中国军队。日军继向长沙、浏阳河方向进攻。28 日，早渊支队攻入长沙市区。29 日，日军第三师一部抵达株洲。

为策应长沙作战，中国第三、五、六战区 23 日起分别对当地日军发动进攻，有力地牵制了日军行动。29 日，第九战区预备队和增援部队 6 个军进入长沙外围，在敌后的 3 个军亦南下攻击，陷日军于南北夹击境地。加之后方运输线遭到中国军民破坏，补给困难，日军 10 月 1 日北撤。第九战区部队全线反击，跟踪追击与超越追击，给日军以巨大杀伤。9 日，日军越过新墙河，恢复战前态势。

☞ 为什么蒋介石认为第三次长沙战役是得意之作

1941 年 12 月 24 日，日本第十一军出动 12 万兵力从湖南新墙河南进，第三次长沙战役开始。长沙守军由薛岳将军布置兵力，第十军李玉堂驻守长沙市区，并在岳麓山布置重炮兵旅。中方第四、七十三、七十四、九十九军等参加长沙会战，总兵力 30 万。

12 月 31 日，日军攻入长沙市区，双方展开巷战。此时日军认为长沙已经拿下，日军司令阿南惟儿迫不及待发电报到国内报喜，以一洗前两次长沙会战未胜之耻。然而岳麓山炮兵旅的攻击以及日军的补给被切断，使形势发生根本性转变。日军的贺电成为国际笑话。

1942 年 1 月 4 日，中国军队在长沙包围攻城的日第十一军。阿南惟儿仍命令继续攻打长沙，而在既无援兵又无补给的不利情况下，最终只好强行突围。从汨罗河到新墙河 80 公里，日军在空军不断空投补给的情况下狼狈逃走，损失非常惨重。1 月 6 日，日军退回新墙河北岸，会战以中方胜利结束。

据中方的统计，此战中国军伤亡 28116 人，歼灭日本军 56994 人。第三次长沙会战是同盟国自珍珠港事件爆发以来第一场大胜，其战果甚至比台儿庄战役更辉煌，蒋介石认为这是抗战以来的最得意之作。

☞ “中美特种技术合作所”是怎样一个机构

“中美特种技术合作所”是国民党政府与美国合办的特务情报机构。1941 年珍珠港事件后，美国方面提出表示愿与国民党政府合作建立情报机构，以搜集对日作战情报。1942 年春，美海军情报署派代表到重庆，与国民党军统特务头目戴笠进行谈判。

经过一年多的商谈筹备，中美双方于 1943 年 4 月 15 日在重庆磁器口签订合作协定。1943 年 5 月，“中美特种技术合作所”宣布正式成立。戴笠任主任，梅乐斯任副主任，中方参谋长李崇诗，美方参谋长贝乐利。下设军事作战、情报、心理作战、气象、行动、交通、经理、医务、总务等九个组和一个总办公室、一个总工程处。中美特种技术合作所成立后，美国派遣了1000多名特务到中国来广泛收集情报，并帮助训练和装备国民党武装特务五六百人，同时无偿供给军统局大批军火武器、通讯器材、交通工具、新式刑具等。

中美特种技术合作所成立后，在抗日情报收集方面起到了一定作用。比如，日本海军大将山本五十六的殒命，就有中美特种技术合作所军统局人员在电讯侦测和密码破译方面的功劳。

但更要看到，中美特种技术合作所在重庆设立了白公馆和渣滓洞两个集中营，在许多地方开办了训练班，专门培训特务，逮捕、残杀了大批共产党人和反蒋民主人士，成为国民党政府反动统治的工具。

☞ 常德会战是如何反败为胜的

常德是“洞庭粮仓”，在抗战中担负起了重要保障作用。武汉失守后，常德更是华中通往陪都重庆的战略要地，扼守湘川公路的常德一度是由湘入川的唯一交通要道。

1943 年年底，日本侵略者为挽回太平洋等战场失利的影响，动员了10多万兵力，由十一军司令官横山勇指挥，依仗前年对常德实施细菌攻击的“余威”，利用飞机、大炮、毒气向常德展开了大规模的进攻。

常德会战于11月2日打响，历时50多天。外围战只坚持了15天，迫使常德保卫战11月18日提前打响，负责保卫常德的第七十军第五十七师仅有8000名将士，却抗击了4万多名日寇的猛烈进攻。在16天的时间中，五十七师将士誓死保卫常德，逐一进行巷战，令日军遭到了重大伤亡。到12月3日，守卫常德的第五十七师弹尽粮绝，全师官兵除个别人突围外，其余均战死。

12月4日，中国援军抵达战场，开始反攻常德外围，8日克复德山，而后进攻常德，美国第十四航空队也配合中国军队作战。日军的军需补给线受到侧击，又怕国民党军援兵赶到，受到夹击，故主动撤出常德，然后全线总退却。国民党军发现日军退却后，下令全线追击。

12 月 30 日，我军收复失地，常德会战结束。我方总计歼敌 4.2 万人，挫败了日军的阴谋和威胁，保证了中国远征军与盟军发动的缅北战役的胜利。

☞《开罗宣言》的出台经过及意义是什么

1943 年下半年，“二战”形势发生重大转折，反法西斯同盟的胜利已初露曙光，此时大国首脑们开始聚会，商讨国际局势。当年 10 月底，罗斯福先后两次电邀蒋介石，到埃及开罗与英美首脑进行会晤，并派出特使赫尔利专程来华邀请。是年 11 月 18 日，蒋介石夫妇与随行人员前往尼罗河畔出席三巨头会议。

中美英首脑抵达开罗的第二天，会议便进入了有关中国问题的讨论，议题有三项：一是关于协调中美英三国在对日作战中的共同军事行动；二是战后日本的处置问题；三是三国首脑和参谋长就一些具体的军事问题进行协商。

会谈时，中美双方同意，在抗战胜利后，将东北、台湾、澎湖列岛归还中国，琉球群岛由中美双方共管。对于香港，罗斯福建议由中国在战后收回，然后将香港岛与九龙半岛合并宣布为自由港。但后来由于英国的极力反对，香港回归的计划最终搁浅。

开罗会议结束后，罗斯福与丘吉尔飞赴伊朗首都德黑兰，与苏联领导人斯大林会晤。11 月 30 日，丘吉尔在德黑兰会议间的一次便宴上将开罗会议的内容告诉斯大林，并就《开罗宣言》中有关日本归还其占领的中国领土一事询问斯大林的意见。斯大林表示完全赞成。12 月 1 日，白宫将《开罗宣言》向新闻界公布，宣言正式发表。

《开罗宣言》明确规定“台湾、澎湖列岛等归还中国”，明确了台湾是中国神圣的、不可分割的领土。

☞ 中国远征军是如何开辟抗日新战场的

日军于1942年1月发动了侵缅战争，中国政府应英国政府请求，以第五、六、六十六军10万余人组成远征军。由远征军第一路司令长官罗卓英和同盟国中国战区参谋长史迪威指挥，于1942年2月先后入缅作战。

从3月至4月，远征军在同古（又译作东吁、东瓜）、仁安羌、腊戍等地与日军激战。其中仁安羌一战援救被围英军7000余人。远征军在缅北的抗战，给日军以沉重打击。但由于中英美战略目标不一致，远征军陷于被动的态势，至4月底被迫后撤。8月，远征军大部退至怒江东岸，一部西撤印度，人员仅剩4万人左右。退入印度的部队改称中国驻印军，由史迪威任总指挥、罗卓英任副总指挥，统辖新一军和新六军。退入滇西的部队，连同后续部队，于1943年春重新成立中国远征军司令长官部，由陈诚任司令长官、黄琪翔为副司令长官，统辖第十一、第二十集团军及第八军。

1943年10月，中国驻印军沿中印公路向缅北推进，经10个月的苦战，于1944年8月攻占缅北重镇密支那。1944年5月，滇西中国远征军强渡怒江，沿滇缅路向缅北实施反攻。1945年1月27日，远征军与驻印军会师于缅甸芒友，打通中印公路，至3月将日军全部赶出缅北和滇西。

中国远征军入缅作战，重新打通了中国西南的国际运输线，有力地配合了盟军在太平洋的反攻，为盟军在缅甸的最后胜利做出了贡献。

☞ 孙立人将军是如何指挥缅甸会战的

“二战”后期，英属缅甸、法属印度支那都被划入中国战区，中国组军远征，在海外开辟了与日寇的又一正面战场。中国官兵与日寇进行了不屈斗争，孙立人将军即是其中的杰出代表。

1942年，中国远征军第一次入缅作战，新三十八师师长孙立人指挥仁安羌一战，以少胜多，大败日军，救出了7000多英军和记者。但在野人山一战后，被迫撤到印度。

经过两年卧薪尝胆，1944 年，新中国远征军再次出击，展开缅甸会战，与日军“山地战之王”第十八师团展开殊死战斗。第十八师团有 3.2 万人，这支日军王牌部队是“南京大屠杀”元凶之一，曾在新加坡迫使 8 万多英军缴械投降。

面对凶残的第十八师团，中国军人猛打猛冲，同仇敌忾，而孙将军所制定的快速切入、两翼冲击的战法，更令日寇始料不及——这种战术是侵华日军常用的，却为孙将军以其人之道还治其人之身。而新一军的攻击速度与强大的战斗力，更令日寇难以抵抗。敌军师团长感叹“这不是战斗，是屠杀”。

10 月 24 日，新一军第三十八师一一二团开始攻击前进，29 日即占领新平洋。日寇一听说新一军就闻风而逃。1945 年春，新一军兵不血刃占领仰光，缅甸全境光复。

☞ 日军何以能轻松打通“大陆交通线”

1943 年，国际形势发生了深刻变化。在欧洲战场，同盟国转入战略反攻，法西斯轴心集团开始瓦解；在太平洋战场，美军攻占了瓜达尔卡纳尔岛，从而转入战略反攻。日本为了挽救其军事上的不利态势，于 1944 年发动打通“大陆交通线”的豫湘桂战役。日军先后纠集了约 51 万兵力，中国军队则以约 100 万兵力进行抗击。

1944 年 4 月，日军华北方面军司令官冈村宁次指挥 14.8 万兵力，向郑县（郑州）、洛阳地区发动进攻，是为豫中会战，也正式拉开了豫湘桂战役的序幕。此后又经历了长衡会战、桂柳会战。

国民党由于实行保存实力、避战观战的政策，使军队日益腐化，丧失了战斗力；也由于不少精锐部队抽调到海外战场，故除衡阳、桂林等守军抗命坚守外，国民党军大面积溃败，损兵六七十万人，丧失国土 20 余万平方公里，丢掉城市 146 座，失去空军基地 7 个、飞机场 36 个，人民生命财产损失更是不计其数。日军打到了贵州独山，逼近贵阳。西南大后方人心惶惶，出现了抗战以来所未有的险恶局面。

豫湘桂战场上的崩溃，表明了国民党统治区政治、经济的严重危机。国民党在政治上实行一党专政，实施一系列反共反人民的措施，严重地丧失了民心。在经济上，国民党官僚资本垄断操纵，大发国难财，致使大后方经济凋敝，通货膨胀，民不聊生，广大人民的抗日积极性受到严重压抑，从而促使国民党统治区人民强烈要求废止国民党一党专政，组织民主联合政府。

☞ 衡阳保卫战在抗战史上占有何等地位

发生在 1944 年 6 月 23 日至 8 月 8 日的衡阳保卫战，是八年全国抗战期间，国民党军守城时间最长、双方伤亡官兵最多的城市争夺战。

在保卫衡阳的战斗中，中国军队以 17500 人的兵力，同约 5 个师团的日军浴血死战，最后伤亡殆尽，在抗战史上写下了英勇而悲壮的一页。

1944 年 8 月 8 日，中外瞩目的衡阳保卫战在坚持了 47 天之久后，因弹尽援绝而失败，国民党第十军军长方先觉为保住残部性命，投降日军(4 个多月又后成功逃出)，衡阳陷落，此后，日军进行了惨无人道的烧杀淫掠。

衡阳保卫战虽然最后失败了，但在抗战史上仍占有重要地位。首先，衡阳保卫战历时 47 天，守城时间之长，只有淞沪会战可与之相比。其次，衡阳保卫战战斗极为惨烈，消耗了日军大量的有生力量。在衡阳保卫战中，日军共计死伤 19380 人。这个数字超过了衡阳守军的全部人数。此外，衡阳守军 47 天的战斗，还迟滞了日军的进攻，打乱了日军的作战时间表，使其打通大陆交通线的计划没能如期实现。

☞ 装备极差的地方武装是如何保卫桂林的

如果问中国人在抗日战争中哪次战役最残酷最激烈，可能有人会说淞沪会战、台儿庄战役、第三次长沙战役、常德保卫战、衡阳保卫战等等；但有人询问过许多参加过侵华战争的日本老兵，发现这些老兵大多认为 1944 年的桂林保卫战是他们在中国战场上遇到的最残酷的战役。

从 1944 年 10 月 28 日至 11 月 10 日,2 万人不到的桂林地方武装面对 15 万武装到牙齿的日军,寸土不让、拼死抵抗。他们在水面身绑手榴弹去炸敌人的登陆艇,在城区进行了白热化的巷战。有日军下级军官这样记录:“我军遭到了自战争以来最凶猛的抵抗,城中到处都是枪声,到处都是地雷,全城都在肉搏,我大队 900 余人在战役结束后仅剩 70 余人,且多为伤兵。在战后从敌军死尸上发现,桂林之敌军的武器竟然大多为我日本国 40 多年前已淘汰的火枪,如此简陋的武器居然令我们遭受到如此巨大的伤亡,虽为敌人,但亦为之忠勇精神而感慨。”

到了 11 月 7 日,日军见强攻伤亡巨大,急忙使用了大量的毒气弹攻击桂林各处守军阵地。守军中大多数没有见过毒气弹,不知道躲避,所以大量中毒死伤。

11 月 10 日桂林城陷落,守军有 1.2 万人战死(其中一半被毒气毒死),7000 多人因为中毒昏迷不醒而被日军俘虏。日本的伤亡更大,据其统计,阵亡约 1.4 万人,伤近 2 万人。

☞ 为什么说湘西会战是抗战中日军严重惨败

1945 年 4 月至 6 月,抗日战争已进入中后期,日本军队为了占领湖南的芷江飞机场,并保持湘桂铁路(长沙至南宁)、粤汉铁路(广州至武昌)的畅通,在 4 月初集结了 7 个师团约七八万人的兵力,由第二十军司令官坂西一良中将指挥,进攻湖南省西部。

中国方面,由陆军总司令何应钦指挥第三、四方面军、第十集团军进行防守作战。此外,美国空军也给予了中国军队支持。

4 月初,日军抢先开始进攻。在战役进行中,中国军队分兵阻击日本军队,直捣雪峰山,并在后期进行包围和追击,在中国、美国空军的支持下,最终反守为攻,取得胜利。

湘西会战历时两个月,终以日军溃退而告终。据中国军队公布的材料,此役共击毙日军 12498 人、马 1286 匹，毁汽车 292 辆。中国军阵亡 7737 人，伤 12483 人。

此次会战中，日军可谓是惨败，“失败主义情绪”在湘西前线中明显地表露出来，官兵中自杀和被俘的人数日益增多，士兵对战争越来越失去信心，甚至在前线部队内公然出现了反战标语，这在侵华日军中极为罕见。湘西会战，敲响了日本帝国主义的丧钟。

☞“重庆大轰炸”持续了多长时间

1938 年 2 月至 1943 年 8 月，日军为了摧毁中华民族的抗战意志，对重庆进行了长达 5 年半的战略轰炸，造成惨重的人员伤亡和财产损失，史称“重庆大轰炸”。

轰炸中，日军对重庆的政治、军事、经济等中枢机关及市街、学校、商店、居民住宅进行长时间、无区别的狂轰滥炸。在日机对重庆的野蛮轰炸中，尤以 1939 年 5 月 3 日、4 日的轰炸最为惨烈，史称“5·3”“5·4”大轰炸。1939 年 5 月 3 日下午 1 时后，日军 45 架轰炸机连续对重庆人口密集、商业繁荣的市中区轮番轰炸，投掷爆炸弹 98 枚、燃烧弹 68 枚，市中区 27 条主要街道有 19 条化成废墟。

5 月 4 日下午 6 时，27 架日机再次袭渝，投掷爆炸弹 78 枚、燃烧弹 48 枚，全市 10 余处街道建筑物起火，大火持续燃烧了 2 天，都邮街等 10 余条中心街道被烧毁。国泰电影院被炸，当场炸死观众 200 余名；全市 37 家银行有 14 家被毁；古老的罗汉寺、长安寺也被大火吞噬。

据不完全统计，在“5·3”“5·4”大轰炸中，日机共炸死 3991 人、伤 2323 人，损毁建筑物 4889 栋，约 20 万人无家可归。

在持续时间 5 年半的重庆大轰炸中，据统计，日机空袭重庆共达 218 次，出动飞机 9513 架次，投弹 21593 枚，炸死市民 11889 人、伤 14100 人，炸毁房屋 17608 幢，有 30 所学校曾被轰炸。

☞ 川军出川说明了什么

“七七事变”后，远在祖国腹地的四川震动了。军民一心，强烈请战。1937 年 10 月 15 日，四川省主席刘湘被任命为第七战区司令长官，兼任集团军总司令。省政府秘书长邓汉祥等人劝多病的刘湘不必亲征，留在四川。刘湘说：“过去打了多年内战，脸面上不甚光彩，今天为国效命，如何可以在后方苟安！”多病的刘湘亲自带领 10 万四川子弟出征，在抗战前线吐血病发，于 1938 年 1 月 20 日在汉口去世。死前他留有遗嘱，激励川军将士“抗战到底，始终不渝，即敌军一日不退出国境，川军则一日誓不还乡”。

当时，川军是地方队伍中装备最差的队伍，他们从川中出发时，10 万人都是单衣草鞋，一路向东，徒步千里，冻饿致死者不计其数。但他们却前仆后继，勇猛杀敌，写就了一曲壮烈之歌。在抗日战争期间，300 万川军出川抗战，64 万多人伤亡，其参战人数之多、牺牲之惨烈居全国之首。川军同全国同胞一起以血肉之躯筑成了一道国防长城！以毛泽东为首的中共中央曾对川军抗战和牺牲的川军将领作过高度评价。四川人民在抗日战争中做出的巨大贡献和牺牲，必将成为四川有史以来最光辉灿烂的一段历史。

川军是抗日战场上全民抗战的一个真实缩影。在全国抗战爆发前，川军、桂军、西北军、湘军、滇军等地方军阀连年混战，给老百姓带来了极为深重的灾难。但在日寇入侵、民族危亡之时，他们却幡然醒悟，以中国军人的血性，为拯救民族的危亡做出了重大的贡献。像淞沪抗战中，湘军士兵在进入战地时都要对周围的人说“来世再见”，桂军士兵光着膀子挺着刺刀与日军坦克“肉搏”……这都已成为中华民族团结一心，永不屈服外来侵略的象征。

☞ 阎海文为何被日军尊称为“空军勇士”

阎海文，辽宁省北镇县人。1932 年 1 月 28 日，日军进犯上海，爆发了“一·二八事变”。驻守在上海的十九路军，在全国人民抗日高潮的推动下，奋起抵抗，开始了淞沪抗战。可是，这次抗战最后还是失败了。阎海文看到日本的飞机对我国进行狂轰滥炸，猖狂异常，联系到世界各国爆发的战争，他从中得出了一个明确的启示：近代的战争，已经从平面变为立体的了，一个国家缺少强有力的空军是万万不行的。“无领空便无领土”，这个思想也是为当时有识之士所公认的。阎海文对航空救国有了深刻的认识，昔日心里蕴藏已久的“乘长风破万里浪”的抱负，如今要改换成“凌空复我旧山河”，他决心投笔从戎。阎海文加入中国空军，驾机作战中战机被击落，被迫跳伞，他用佩枪的最后一颗子弹自尽，拒绝俘降，用自己的热血和正气，征服了敌人。殉国时年仅22岁。

1937年8月17日，日本战机在淞沪会战中被击落，中外舆论对中国空军的赞誉，使日军的武士道精神受到打击。阎海文跳伞后，他们急着想看到中国空军是什么样，粗野的日本兵边跑边喊：“活捉支那飞行士”“让这家伙尝尝皇军战刀的滋味”“不，让他投降，让他跪着求饶”。但阎海文并没放弃反抗，一直战斗到把最后一颗子弹留给了自己。

当天下午，日本兵列队脱帽，向刚立的一座新坟——上书“支那空军勇士之墓”致敬，为敌人的勇士举行葬礼，这是他们的第一次。

阎海文用自己的热血和正气，征服了他的对手，更为一个民族立起了一座不朽的丰碑。

☞ 谢晋元如何率兵坚守上海四行仓库

在1937年7月7日卢沟桥事变发生后，8月13日即展开了中日首次大型会战——淞沪会战。淞沪会战的主战场方圆不过几十公里，日军先后增援30万兵力，双方三个月的血战，死伤近40万人，“一寸山河一寸血”的惨烈程度，被国际媒体形容为“血肉磨坊”。中国军队斗志高昂，誓死不退，着实出乎日军意料。仅此一役，对于打破日本“三月亡华”的迷梦发挥了重要作用。

战争相持至10月底，日军登陆杭州湾，大上海全部陷于敌军包围之中、中国统帅部以空间拖延时间之战略目的已达到，下令50万中国军队退出上海战场。谢晋元奉命守闸北继续作战，负起艰巨任务。

谢晋元，广东蕉岭县人，黄埔军校四期学生。中国军队主力退出上海后，他临危受命，率兵转守苏州河北岸，并选定四行仓库为据点，带领官兵抗击日军。四行仓库实际是金城、盐业、中南、大陆等四个银行的联合栈库，位于苏州河北岸，仓库楼高六层，建筑坚固，为闸北一带最高、最大的一座建筑物。

31 日凌晨，谢晋元率部冒死突围。日军水陆射击，谢晋元部且战且走，退往英租界，数万市民隔岸声援，情绪沸腾。谢晋元沉着应战，在密集炮火中迅速抢越桥头，虽有伤亡，但安全抵达英国租界者尚有 370 多人。

1941 年 4 月 24 日，谢晋元在上海租界军营内，突遭四名汉奸持刀刺杀，当场倒地殉国。一代民族英雄与世长辞，但他率部坚守四行仓库的光荣战绩，震惊中外，名垂不朽。

☞ 高志航如何成长为“空军战神”

1937 年 8 月 14 日清晨，中国空军主动对黄浦江上的日本海军舰艇发动攻击，日军盛怒下立刻调动从台湾飞来的木更津联队与鹿屋联队战斗机，企图一举炸毁南京、上海地区所有中国空军基地。不料当天入侵的日本机动群，遭到中国空军第四大队队长高志航率领的战机的反击，结果，中国空军以 6:0 击落日机，首开中日空战全胜纪录，打破了“皇军无敌”的神话。全国百姓从广播里知道这一消息后，欣喜若狂，一泄屈辱之气。国民政府宣布 8 月 14 日为“中国空军节”，高志航大队长被誉为“空中战神”。

高志航，1908 年出生于东北一个农户家庭，17 岁被东北陆军军官学校选派赴法国航校学习飞行，虽然是异国学员中年龄最小的一位，但他精力充沛，好学不倦，基本飞行技术掌握很快，继而专修驱逐机专科。学成归国后，任张学良部东北航空处飞鹰队少校队员，后担任东北航空教育班少校教官。

“九一八事变”后，高志航不愿在东北当顺民，登上了满载流亡难民的列车，入关南下投效中央，下定了抗日复仇的决心。1933 年，高志航进入杭州笕桥中央航空学校高级班学习，毕业后以上尉军阶任中央航空学校教官；1936年年底，高志航调任第四大队队长，他一贯严于律己律人，号召平时如战时，吃饭限时5分钟，加油自己动手，生活上亦与部属同甘共苦。在他的训导下，第四大队训练精进，成绩特优，成了一支赫赫有名的队伍，他本人也于次年5月晋级中校。

“八一四笕桥空战”，开创了中国历史上首次重创强敌于空中的纪录，是中国空军史上最光荣的一页。日本为讨回军威，在第二天即对中国空军做全面报复性攻击，结果，在连续三天的中日密集空战中，日机再被击落46架之多，木更津与鹿屋联队可以说出乎意料地被中国空军打得溃不成军。

☞ 入缅将军戴安澜如何战死异域

1941年12月日本偷袭珍珠港，随后相继入侵菲律宾、马来西亚、新加坡等地，积极准备占领缅甸。国民政府为了确保中国最后一条国际交通线滇缅公路的安全，履行《中英共同防御滇缅路协定》，组建了中国远征军入缅作战。

1942年年初，中、美两国政府协议成立了包括中国大陆、印度支那、泰国和缅甸在内的中国战区，以蒋介石为战区最高统帅。同时，为配合缅甸、印度地区的英、印军作战，中国应英方要求，派出十万中国远征军开赴缅甸。中国远征军成员以响应政府“十万青年十万军”号召的热血青年为主干，官兵们艰苦奋战，流血牺牲，受到了盟国的高度评价。

其中，征战缅甸的中国远征军主力第二〇〇师师长是戴安澜将军，他于1904年出生于安徽省无为县，20岁时，他考进黄埔军校第三期，全国抗战爆发时担任第二十五师七十三旅旅长，在昆仑关战役中立下了赫赫战功。

1942年春夏，日军进攻并占领缅甸北部，盟军在缅甸战役中遭受挫折。戴安澜带领中国远征军主力第二〇〇师征战缅甸，协助盟军作战，解救受围英军。戴安澜将军英勇作战，不幸在缅北东吁中伏，激战一夜，壮烈殉国。

毛泽东的挽诗是：“外侮需人御，将军赋采薇。师称机械化，勇夺虎罴威。浴血东瓜守,驱倭棠吉归。沙场竟殒命,壮志也无违。”

☞ 陈策是怎样率领香港英军鱼雷快艇冲出重围的

陈策,海南岛文昌人,他是民国初期海军界的一位传奇人物,个子不高,却具有结实的身躯。早年追随孙中山先生革命,在陈炯明叛变炮击总统府一役中,他英勇地参加保卫孙中山的战斗,率永丰舰驶进广州市政府附近策应,亲自迎护孙中山等人突围,后随侍至上海。20 世纪 30 年代任海军第四舰队司令,主办黄埔海军军官学校。

1941 年 12 月 8 日,日本海军偷袭珍珠港,深圳河以北的日军亦同时发动对香港的进攻。18 天后,香港总督杨慕琦决定投降。投降前杨慕琦致电通知陈策,陈策获悉后,决定乘船突围。英军即将仅余的数艘鱼雷艇交给陈策指挥,同时十多名英国高级军官及三十多名其他官兵及情报人员,亦决定跟随突围。途中陈策所乘的鱼雷艇被日军发现,遭其开火射击。陈策手腕中弹,跳入水中,幸得副官徐亨背负游水上岸获救。最后陈策等数十人成功离开香港,经广东惠州抵达中国军队控制地区,英国官兵经云南、缅甸、印度回到英伦。为表彰陈策的贡献,英国国王授予他“帝国骑士司令勋章(KBE)”。在“二战”中,中国方面仅有两人获得这种勋章,另一人是孙立人将军。

中国海军军官陈策将军率领 72 名中英官兵,自香港浴血冲出重围的消息,也传遍全世界。后来陈策应电召返回重庆述职,更备受各界人士热烈欢迎。抵达重庆后,英国各报章均用头条标题,报道及表扬陈策领导突围的英勇事迹,并大书特书为中英友谊并肩作战的光辉一页。

☞ “硬战将军”王甲本是怎样拼刺刀牺牲的

王甲本(1901—1944),云南富源人。王甲本于云南陆军讲武堂毕业后,先随顾品珍和范石生转战川滇粤桂,后入国民党中央军。

在26年的军旅生涯中，王甲本足智多谋，作战勇敢，身先士卒，身经百战，临危不惧，屡立战功。从排长始，逐级提升。抗日战争中任国民革命军第七十九军中将军长，战死沙场，以身殉国，被追晋为上将。王甲本堪称廉洁模范，牺牲时除了3块大洋，仅有300余册书籍。他治军极严，自己不抽大烟，也不准部下抽。

1939年，在第一次长沙会战中，王甲本率部反攻，歼敌2000余人。在第二次长沙会战期间，他日夜战斗在指挥所，亲自巡视阵地，适时做出正确的兵力调整。在第三次长沙会战中，指挥第七十九军九十八师在霞凝巷、捞刀河、汨罗江等主要阵地击毙日军千余人，缴获甚多。战后王甲本被誉为"硬战将军"。

1944年4月，日军发动豫湘桂战役。王甲本率部与部分滇军、川军共5万余人顽强迎击日军，半个月内歼敌万余人，中外震动。9月，王甲本带领军部直属部队遭遇日军主力，与数十倍于己的敌人展开血战，他拼死战斗，用手枪击毙几名日军，又赤手空拳与日军肉搏，最后被敌人刺刀刺中腹部，壮烈牺牲，时年43岁。

王甲本将军为国捐躯后，1944年11月7日，国民政府追认王甲本将军为抗日烈士，并追晋为陆军上将。

敌后战场

☞ 抗日民族统一战线是怎样形成的

“九一八事变”后，民族矛盾日益加深，中国共产党发表了积极抗日的主张。全国各地、各行业的人民掀起抗日怒潮。1935 年华北事变发生后，中日民族矛盾上升为主要矛盾，“一二·九运动”掀起了全国抗日救亡运动的新高潮。

1935 年 12 月，中国共产党在陕北瓦窑堡召开会议，决定了建立抗日民族统一战线的策略方针。日本帝国主义的侵略促使国民党内部进一步加剧分化，派往陕北进攻红军的东北军张学良和西北军杨虎城，接受了中国共产党“停止内战，一致抗日”的主张。他们于 1936 年 12 月 12 日对蒋介石实行“兵谏”，这就是“西安事变”。

中国共产党主张和平解决西安事变，派代表团去西安调停。蒋介石被迫接受停止内战、共同抗日的条件。西安事变的和平解决，成为扭转时局的关键，标志着十年内战局面的基本结束，抗日民族统一战线初步形成了。

1937 年，日本发动“七七事变”，全国性的抗日战争开始了。日本紧接着发动“八一三事变”，大举进攻上海，这直接威胁到国民政府的统治，也威胁到美英帝国主义在华的利益。国民政府被迫对日作战。国共两党达成协议，在西北的中国工农红军主力改编为八路军，朱德任总指挥，彭德怀任副总指挥。后来又将南方八省（琼崖地区除外）的红军游击队编为新四军，叶挺任军长，项英任副军长。

9 月下旬，国民党公布了中国共产党提交的国共合作宣言，蒋介石发表了承认中国共产党合法地位的谈话。这样，国共两党实现了第二次合作，抗日民族统一战线正式建立了。

☞ 洛川会议的主要内容和历史意义是什么

全国抗日战争爆发后，中国共产党提出了人民战争路线，以动员一切力量、实现全面抗战、制定抗战的纲领、建立党领导的政府，从而战胜日本帝国主义。1937年8月，共产党在陕北洛川冯家村召开了中央政治局扩大会议。毛泽东、周恩来、张闻天等22人参加会议。

会上，毛泽东做了军事问题和国共两党关系问题的报告。在正确地分析中日战争中敌强我弱的形势和敌人的战略方向后，毛泽东指出，抗日战争是场艰苦的持久战，红军必须从正规战转向游击战，创建根据地，牵制并消灭敌人，在战略上配合友军作战，保存和扩大军力，争取对民族革命战争的领导权。红军的作战方针是：独立自主地进行游击战，包括在有利条件下集中兵力消灭敌人兵团，以及向平原发展，开展游击战争。关于国共两党关系问题，毛泽东指出：要坚持、巩固、扩大统一战线；保持党在政治上、组织上的独立性，吸取1927年革命失败的教训，坚持无产阶级领导权。

洛川会议是共产党在抗日战争全面爆发这一转折关头召开的重要会议，通过了《抗日救国十大纲领》《关于目前形势与党的任务的决定》等文件，指出了国共两党不同的抗战路线的原则区别，确立了我军在敌后发动独立自主的游击战争、利用游击战争配合正面战场、开辟敌后战场、建立敌后抗日根据地的战略任务，为实现党对抗日战争的领导权和争取抗日战争的胜利指明了正确道路。

☞ 八路军的组建和发展情况是怎样的

在“七七事变”后，国民党政府开始对日抗战，国共两党合作初步成功。1937年8月25日，中共中央发布了红军改编为“国民革命军第八路军”的命令。其中，前总指挥部改为“第八路军总指挥部”，以朱德为总指挥，彭德怀为副总指挥，叶剑英为参谋长，左权为副参谋长；总政治部改为第八路军政治部，以任弼时为主任，邓小平为副主任。第一军团、十五军团及七十四师合编为陆军第一一五师，以林彪为师长，聂荣臻为副师长；二方面军，陕北二十七军、二十八军，独立第一、第二两师及赤水警卫营、前总直之一部等部，合编为陆军第一二〇师，以贺龙为师长，萧克为副师长；四方面军二十九军、三十军，陕甘宁独立第一、第二、第三、第四团等部，改编为陆军第一二九师，以刘伯承为师长，徐向前为副师长。

在改编为国民革命军后，共产党仍一如既往地加强对八路军的领导，保持和发挥革命斗争光荣传统，坚决执行党中央的命令，保证八路军仍是党领导的军队，为党的路线及政策而斗争。

1937 年 8 月底 9 月初，八路军三个师从陕甘宁边区出发，东渡黄河挺进敌后，进行独立自主的游击战争，开辟华北敌后战场，建立抗日根据地。1940 年，八路军已发展到 40 万人。1941 年至 1942 年，由于日本侵略军对各抗日根据地进行连续的"扫荡"，并实行残酷的"三光政策"，八路军减少到 30 多万人。但在中国共产党领导下，八路军经过艰苦奋斗，战胜了严重困难，又得到新的发展。到 1945 年 8 月，八路军已发展到 90 多万人。

☞ 新四军军部为什么会两次组建

全国抗战爆发后，1937 年 10 月，国共两党协议，将活动在南方 8 省 14 个地区的工农红军游击队分别集中，改编为"国民革命军陆军新编第四军"。1938 年 1 月，新四军军部在江西南昌成立，军长叶挺，副军长项英。下辖四个支队：粤赣边、湘鄂赣边、湘赣、赣东北的红军游击队编为第一支队，支队司令陈毅；闽西、闽南、闽赣、浙南的红军游击队编为第二支队，支队司令张鼎丞；闽东、闽北的红军游击队编为第三支队，支队司令张云逸；鄂豫皖、豫南的红军游击队编为第四支队，支队司令高敬亭；湘南的红军游击队编为特务营。第一、二、三支队到皖南岩寺集中，第四支队到安徽霍山地区集中。新四军的成立，是抗日战争初期的重大事件，标志着抗日武装的日益发展壮大。

1938 年 5 月，中共中央指示新四军应立即深入敌后，创建根据地，然后继续向东、向北发展。6 月起，各支队先后挺进敌后。

但不幸的是，1941 年 1 月 4 日至 13 日，新四军军部及所属皖南部队共 9000 余人奉命北移，在茂林地区遭国民党顽军 7 个师的围攻，皖南事变发生。除 2000 余人突出重围外，一部分被俘，大部分则壮烈牺牲。军长叶挺与顽军谈判被扣，项英遇害。

皖南事变发生后，中共中央立即进行了坚决反击。1月20日，中共中央军委发布重建新四军军部的命令，任命陈毅为代理军长，刘少奇为政治委员，将部队统一编为7个师。以后新四军继续坚持华中敌后抗战。

☞ 毛泽东是如何论持久战的

在1938年5月26日至6月3日举行的延安抗日战争研究会上，毛泽东发表了《论持久战》的讲演。同年7月，这篇讲演稿在延安《解放》周刊上发表，后有中文和英文单行本在国内外广泛发行。1952年4月，《论持久战》收入《毛泽东选集》第二卷。

全国抗战爆发前，国民党内一些人认为中国武器落后于日本，“战必败”。抗战开始后，他们又散布“再战必亡”的亡国论调。在中国共产党内，也存有轻视游击战争，幻想依靠国民党的“正规战”速决速胜的错误思想。

为了批判亡国论和速胜论，阐明中国共产党指导抗日战争的正确主张，动员全国人民坚持抗战，为争取最后胜利而奋斗，毛泽东根据全国抗战10个月来的经验撰写了《论持久战》。

全文共论述21个问题。前9个问题，主要论述为什么是持久战，为什么最后胜利是中国的；后12个问题，主要阐明怎样进行持久战和怎样争取最后胜利。这部著作逻辑严密，内容丰富，精辟阐述了人民战争的思想。《论持久战》是毛泽东运用历史唯物主义和辩证唯物主义解决战争问题的一个典范。毛泽东的《论持久战》，驳斥了亡国论和速胜论，为全国人民指明了抗日战争的正确道路。抗日战争的历史进程和最后胜利，完全证实了毛泽东对抗日战争的科学论断和预测。

☞ 中国共产党是如何在敌后建立抗日根据地的

抗日根据地是抗日战争时期中国共产党领导的人民武装在敌后建立的

以抗日民主政权为依托的战略基地，抗战后期亦称“解放区”。它是抗日游击力量赖以存在和发展自己、消灭和驱逐敌人的战略基地，是游击战争的后方。

1937年“七七事变”后，抗日战争全面爆发。八路军、新四军和其他人民抗日武装，挺进敌人后方，开辟了广大的敌后战场。在华北地区，1937年11月太原失陷前后，八路军派遣一一五师、一二九师、一二〇师进入五台山、太行山等地。1938年，八路军又由山西分兵东进至冀鲁豫平原、齐鲁平原和冀中平原，并北进至绥远的大青山地区和河北东部。在这些地区，八路军广泛组织群众，武装群众，打击敌人，建立政权，先后开辟了晋察冀、晋冀鲁豫、晋绥等抗日民主根据地。同时，山东地方党组织于1937年冬在徂徕山等地进行武装抗日，于1939年与进入山东的八路军一一五师共同创立以泰山和沂蒙山区为中心的山东抗日根据地。在华中地区，新四军于1939年，成立了江南、江北指挥部，在长江两岸广泛发动游击战争。随着战争的胜利发展，新四军先后建立了苏北、苏中、苏南、淮北、淮南、浙东、皖中、鄂豫皖等抗日民主根据地。在华南地区，1938年10月，共产党领导人民成立了惠宝人民抗日游击队（后改为东江人民抗日游击纵队），建立东江抗日民主根据地。1939年2月，日军侵入海南岛，为抗击日军入侵，琼崖独立总队成立，在澄迈县美合山区建立抗日民主根据地。

抗日根据地的建立和发展，锻炼了人民军队，培养了革命干部，教育了人民群众，为夺取抗日战争的最后胜利和全国的解放创造了良好条件。

☞ 红色娘子军与琼崖纵队是何关系

在新中国历史上，《红色娘子军》是艺术上的一朵奇葩，它既被拍成电影，也被编成了芭蕾舞剧、京剧，塑造出了英姿飒爽的中国娘子军形象。红色娘子军真有原型，这就是琼崖纵队娘子军。

1927年，琼崖讨逆革命军在海南嘉积外围打响了全岛总暴动的第一枪，宣告了中共领导的琼崖人民武装力量的诞生。

全国抗战爆发后，琼崖特委遵照中共中央指示，为了团结抗日，与海南岛国民党当局谈判并达成协议，于1938年12月5日将琼崖红军游击队和各地抗日武装集中于琼山县云龙村，改编为“广东省第十四统率区民众抗日自卫团独立队”，辖3个中队，共约300人。1939年2月10日，日军侵入海南岛，国民党军畏战退入山区。独立队进至海口市袭击日军，鼓舞了群众抗日斗志。独立队随后转入农村，发动和组织群众，开展游击战争，部队很快发展为3个大队1000多人，改为“琼崖独立总队”。此后，队伍在极端艰苦的情况下，在海南开展游击战争，经历了长期艰苦卓绝的斗争考验，终于创立了以五指山为中心的琼崖抗日根据地。1944年春，琼崖独立总队改为“琼崖纵队”，部队和根据地都得到进一步扩大。在琼崖纵队中，有一支很能战斗的娘子连，为抗战做出了重大贡献。

1947年10月，琼崖纵队被正式命名为“中国人民解放军琼崖纵队”，约有8000人。至1950年年初，已解放了占全岛面积三分之二的广大地区，成为支持我军渡海作战部队登陆海南的坚强力量。

☞ 黄土岭战斗取得了怎样的胜利

1939年10月中旬，侵华日军2万余人，对我晋察冀抗日根据地进行冬季“大扫荡”。11月3日拂晓，我八路军诱敌成功，500余名日军被歼。日军独立混成第二旅团旅团长阿部规秀中将恼羞成怒，亲率1500余名日军进行疯狂报复性“扫荡”。11月6日晚，在我游击支队的引诱下，阿部规秀的人马进入黄土岭一线。翌日下午3时许，日军完全进入了我军预设的伏击圈。

黄土岭东有一个名叫教场的小村庄，在八路军的重拳打击下，阿部规秀慌忙组织兵力抢占孤石山及教场南面山脚一线狭窄的山梁。我第一团团长陈正湘在望远镜里发现：在南山根东西向山梁的一个山包上有一群身穿黄呢大衣、腰挎战刀的日军指挥官和几个随员，正举着望远镜观察战况；在距山包100米左右的一个独立小院内，也有一些挎着战刀的日军指挥官进进出出。陈正湘判断:独立小院可能是日军的临时指挥部,南面小山包可能是敌人的临时观察所。他当机立断指挥迫击炮攻敌,4 发炮弹全部命中目标,阿部规秀当场被炸成重伤,3 小时后毙命。

日军因失去战地最高指挥官而极度恐慌,几次突围均遭八路军迎头痛击。黄土岭之战,共毙伤日军 900 余人,缴获 200 多辆载满军用品的骡马车,5 门火炮,几百支长短枪及大批弹药。特别是击毙侵华日军阿部规秀中将,引起国内外巨大反响,日本《朝日新闻》以《名将之花凋谢在太行山上》为通栏标题,沮丧地报道:"自从皇军成立以来,中将级将官的牺牲,是没有这样例子的。"

☞ 百团大战是怎样发动的

从 1939 年冬开始,日军推行"囚笼政策"。八路军总部决定发动交通破击战,给日本华北方面军以有力打击。

1940 年 8 月 20 日夜,八路军发动了以破袭正太铁路(石家庄至太原)为重点的战役。战役发起第 3 天,参战部队已达 105 个团,故称"百团大战"。百团大战是抗日战争相持阶段,八路军在华北地区发动的一次规模最大、持续时间最长的战役。

这次战役经历了两个主动进攻阶段和一个反"扫荡"阶段。第一阶段(8 月 20 日至 9 月 10 日),八路军在正太、同蒲、平汉、津浦等主要交通线发动总攻击,预定计划全部完成。华北各交通线陷于瘫痪。

第二阶段(9 月 22 日至 10 月上旬),任务是继续扩大战果,摧毁交通线两侧和深入各抗日根据地的敌伪据点。在战斗中,八路军给敌人以沉重打击。但是,我军计划要拔除的敌据点未能全部拔除。

第三阶段(10 月 6 日至翌年 1 月 24 日),主要任务是反击日伪军的报复"扫荡"。在这段时间里,八路军先后粉碎了日伪军对太行、太岳、平西、北岳、晋西北等抗日根据地的大规模"扫荡"。

百团大战历时 5 个多月。仅在 8 月 20 日至 12 月 5 日的 3 个半月中,八路军共进行大小战斗1824次，共计毙、伤、俘和投诚日伪军达46480人。其中包括毙、伤日军20645人，伪军5155人；俘虏日军281人，伪军18407人；日军自动缴械投诚者47人，伪军反正者1945人。此外，还缴获和破坏了其他大量军用物资。

百团大战粉碎了日军的“囚笼政策”，推迟了日军的南进步伐，增强了全国军民取得抗战胜利的信心，提高了中国共产党和八路军的声望。

☞ 1941—1942年抗日根据地为何会出现严重困难局面？党是如何应对的

1941年到1942年，是中国人民抗日战争非常困难的时期。日本集中侵华日军64%的兵力和几乎全部伪军，对抗日根据地进行“大扫荡”，实行“三光政策”，对游击区实行蚕食政策，对敌占区采取清乡政策。国民党顽固派连续发动反共高潮，并对解放区进行封锁和包围。解放区面积缩小，人口下降，军民缺吃少穿。

为了克服严重的困难，争取抗战胜利，中国共产党采取了一系列巩固解放区的政策，政治上，抗日民主政权采取“三三制”原则，在参议会和政府里，代表工人和贫农的共产党员，代表小资产阶级的进步分子，代表民族资产阶级和开明绅士的中间分子，各占1/3名额。抗日民主政权成为中国共产党领导抗日民族统一战线性质的政权，它调动了反日各阶级和阶层的积极性。

土地政策，实行地主减租减息，农民交租交息，既减轻了地主对农民的封建剥削，提高了农民生产和抗日的积极性，又打击了不法地主，团结了地主里的开明分子。

经济上，中共中央提出“发展经济，保障供给”的方针，解放区军民掀起了大生产运动，为争取抗日战争的胜利奠定了物质基础。

在思想领域，从1942年起，中国共产党开展整风运动。

军事上，中国共产党领导军民展开反清乡、反蚕食、反“扫荡”斗争。八路军和新四军在“有理、有利、有节”的原则指导下，粉碎了国民党的反共高潮。

由于采取了以上各项正确的措施，抗日根据地军民终于度过了抗战最困难的时期。

☞ 南泥湾开荒是怎么进行的

抗日战争进入相持阶段后，由于国民党的封锁和边区的灾荒，给边区带来极大的经济困难。在一次座谈会上，朱德说：“要发展农业，不开荒是不行的。我听说延安南面有个南泥湾，是片好土地，可以开垦。”他提议派人去勘察一下。1941 年 1 月，工程员刘宗义被派去南泥湾勘察，他不知南泥湾在哪里，通过查找地图才知道在位于延安东南约一百里的地方。他做好准备之后立即出发，来到鹿县（今富县），县长罗成德派了 30 名战士保护他前往。后来，在一位老人的指引下，穿过一片原始森林，终于找到了南泥湾。南泥湾原是一个寨子，还有护寨沟和吊桥的遗迹，破败的窑洞还可以住人。经过勘察，发现这里土质肥沃、水源充足，有近万亩土地可以开垦。

刘宗义回去之后，向朱德做了详细汇报。朱德听了非常高兴，立即给中央军委直属炮兵团团长武亭写了一封信，命令他立即派部队去开垦南泥湾。介绍信上写刘宗义是工程师。刘宗义说他不是工程师，是工程员，朱总司令笑着说：“你以后一定是工程师。”

武亭收到信后即组织炮兵团开进南泥湾，开始了轰轰烈烈的南泥湾开垦运动。军委直属炮团是最早进入南泥湾的部队。在此前后，王震的三五九旅也开进南泥湾，并成为开发南泥湾的主力。经过全体官兵的努力，南泥湾很快改变了模样，到处是庄稼，遍地是牛羊，一排排新窑洞也修建起来了。南泥湾成了陕北的江南，带动了根据地大生产运动。

☞ 反清乡、反蚕食、反“扫荡”指的是什么

1941 年后，侵华日军司令部提出“治安强化”和“清乡”的新战略，集中 64% 的日军及全部伪军，对敌后抗日军民进行更凶狠的进攻。敌华北方面

军总司令冈村宁次把华北地区划分为“治安区”（即敌占区）、“准治安区”（即游击区）、“非治安区”（即解放区），分别对其清乡、蚕食、“扫荡”。

针对日军的策略，我党领导解放区军民开展反清乡、反蚕食、反“扫荡”斗争。

针对“扫荡”，中共采取坚壁清野、地道战、地雷战、交通战、围困战、麻雀战等多种斗争形式以消耗敌人；采取腹地游击战争和外线游击战争、分散作战和集中突击相结合的方法歼灭敌人有生力量，取得了多次反“扫荡”胜利。

针对蚕食，华北各抗日根据地军民采取政治攻势与武装斗争相结合、公开斗争与隐蔽斗争相结合的方针，分化瓦解、摧毁伪军、伪政权，粉碎其经济掠夺和封锁，并适时集中兵力，实行“翻边”战术，拔除蚕食据点，最终粉碎了敌人的蚕食。

针对清乡，我组织小部中队和武工队深入敌占区，在敌伪空隙中灵活穿插，避敌主力，专打清乡队；同时发动群众，展开政治攻势，瓦解和争取伪军和伪人员，摧毁伪组织，惩处汉奸，反对敌人抓丁抢粮，破坏和烧毁敌人的封锁沟墙和篱笆等。在我抗日军民积极打击下，敌人妄图通过清乡以建立治安区的目的被粉碎。

☞ 延安整风运动对抗日有何指导意义

1941 年 5 月，毛泽东在延安干部会议上做了《改造我们的学习》的报告，批判了主观主义的恶劣作风，号召全党树立理论和实际统一的马列主义作风，这可以说是为整风运动做了思想动员。接着，在党的高级干部中首先开始整风。

这次整风运动的基本内容是：反对主观主义以整顿学风，反对宗派主义以整顿党风，反对党八股以整顿文风。方针是“惩前毖后、治病救人”，“既要弄清思想，又要团结同志”。这次整风运动从延安开始，逐步推广到其他抗日根据地，前后经历了三个阶段。

1941 年初到 1942 年 1 月,是整风的预备阶段。

1942 年 2 月,毛泽东先后发表了《整顿党的作风》和《反对党八股》的演说,明确地提出了整顿“三风”的问题,整风运动正式全面展开,至次年 10 月整风总结基本结束。

自 1943 年 10 月至 1945 年 4 月,为整风运动的巩固提高阶段。1944 年 4 月 12 日,毛泽东在延安高级干部会议上做了《学习和时局》的报告,对整风运动和党内两条路线斗争的历史做了总结。

1945 年 4 月 20 日,党的六届七中全会通过了《关于若干历史问题的决议》,对历史上的路线是非做了结论。至此,整风运动胜利结束。

在整风运动中,全体党员学习党的文件,开展批评和自我批评,全党进行了一次普遍的马列主义的教育。通过整风,全党达到了空前的团结和统一,为夺取抗战的最后胜利和新民主主义在全国的胜利,奠定了思想基础。

☞ 车桥战役的过程是怎样的

车桥战役是新四军第一师兼苏中军区所属部队在江苏省淮安县东南车桥地区,对日伪军进行的进攻战役。

1944 年春,新四军第一师、苏中军区决定于 3 月上旬发起以夺取车桥为主要目标的攻势作战。车桥镇是联系苏中与苏北的枢纽,位于日军第六十四师和第六十五师的接合部,四周筑有大土围子,驻有伪军 1 个大队 600 余人,其大土围内东南角小土围由日军 40 余人驻守。新四军第一师、苏中军区集中 5 个团多的兵力,由副师长兼副司令员叶飞指挥,采取攻点打援战法,夺取车桥及其周围地区。

战役于 3 月 5 日凌晨发起。第七团采取远程奔袭手段,利用暗夜从日伪军外围据点之间直插车桥,从南北两面同时发起突然攻击,仅 25 分钟就突破土围,攻入镇内。随后在炮兵大队的配合下,以数个战斗小组分散突击,逐个消灭日伪军火力点。战至午后,摧毁碉堡 50 余个,全歼驻守伪军。接着,分两路向固守小土围的日军发起攻击,攻占暗堡、库房等处。

车桥被攻，附近据点的日伪军纷纷出援。我军沉着应对，给逐次增援的日伪军以沉重打击。第一师、苏中军区所属各部乘胜扩大战果，至 13 日相继收复泾口、曹甸镇等据点 10 余处，战役胜利结束。车轿战役共歼灭日伪军约 1000 人，打通了苏中与苏北、淮南、淮北地区的战略联系，巩固和扩大了苏中抗日根据地，实现了苏中抗战形势的根本好转。

☞ 民兵是如何在敌后进行抗战的

日军全面侵华后，中国共产党动员全国人民，武装起来，参加抗战。毛泽东在《论新阶段》中提出："抗日人民自卫队的组织，应成为一切战区与敌人后方的普遍与经常的民兵制度。"

在艰苦卓绝的八年全国抗战中，广大民兵拿起各种各样的武器，凭借人熟地熟的特长，人自为战、村自为战，活跃在敌后广阔战场上，展开空前规模的人民游击战争，创造出诸如地道战、地雷战、麻雀战、破袭战、围困战等许多巧妙战法，配合八路军、新四军狠狠地打击了日本侵略者。民兵和自卫队还日夜担负着站岗放哨、侦察敌情、传递情报、捉拿汉奸等繁重的战斗勤务，并同人民群众一起，实行坚壁清野，使敌人所到之处，断粮缺水，处于困境，为主力部队歼灭敌人创造了有利条件。

比如，河北省曲阳县尖地角村的民兵用麻雀战打击敌人，3 个月中同敌人作战 27 次，打死打伤日伪军 200 多名；山东省海阳县赵疃村民兵运用地雷战大量杀伤敌人，在 1945 年中的 105 天时间里，带领本村民兵和邻村民兵，用地雷炸死炸伤日伪军 303 名；北岳区阜平县五丈湾村仅在一次反"扫荡"中，就用地雷炸死炸伤日伪军 362 人，炸毁汽车 25 辆……

1945 年，各抗日根据地的民兵发展到 268 万余人，自卫队达 1000 万人以上，全国抗战八年，民兵共参加作战 29 万多次，歼敌 10.6 万余人。

☞ 为什么说冉庄地道是地下长城

地道战是我国军民在敌后战场开辟的一种新型战斗方式。以位于河北省保定市西南 30 公里处的冉庄为例，它的地道一般宽 0.7—0.8 米，高 1—1.5米，上距地面2米多。地道结构与地上街道基本一致。以十字街为中心，顺沿东、西、南、北大街挖成 4 条干线地道，再由干线延伸出 20 多条支线，直通村外和周边几个村，最后挖成户户相连、村村相通、四通八达、上下呼应，长达 32 里的地道网。

在斗争实践中，冉庄人民用他们的智慧和劳动，把地道网建设得十分完备。有作战用的军用地道和供群众隐蔽用的民用地道。地道内有指挥部、休息室、储粮室，设有路牌和油灯，还有地下兵工厂。在墙壁、地面、井壁、牲口槽、炕面、锅台、衣柜等不易发现处，巧妙地构筑了地道口，伪装得与建筑物一模一样，使敌人难以发现。为了便于监视、射击敌人，还利用高房、地面等有利的地形地貌，构筑工事多处，并与地道相通。同时，在街道、路口遍布地雷，并将引线引入地道。这样，冉庄地上地下各种工事相互配合，形成了一个立体火力交叉网。

冉庄地道是一条能打能藏、可守可攻、进退自如的地下长城。冉庄民兵利用地道优势，在抗日战争和解放战争中，配合地方武装对敌斗争 157 次，给敌人以重创，成为中国人民抗击日本侵略者的一个典范。今天，其遗址已被建成爱国主义教育基地。

☞《游击队歌》描写了什么样的抗日情景

我们都是神枪手，
每一颗子弹消灭一个敌人。
我们都是飞行军，
哪怕那山高水又深。
在那密密的树林里，

到处都安排同志们的宿营地。
在那高高的山岗上，
有我们无数的好兄弟。
没有吃，没有穿，
自有那敌人送上前，
没有枪，没有炮，
敌人给我们造。
我们生长在这里，
每一寸土地都是我们自己的，
无论谁要强占去，
我们就和他拼到底！

这是由著名艺术家贺绿汀创作的《游击队歌》，作于1937年年底。抗日战争全面爆发后，在敌后艰苦环境中，八路军抗战将士机智勇敢的作风和乐观昂扬的斗志给了作者深刻的感触，激发了他的创作灵感。他先写好曲调，然后再配上歌词。作品完成后，很快在部队及各地抗日战场广为传唱。

在广大敌后战场，中国共产党领导军民进行了灵活机动的游击战争，取得了巨大的成就。据1945年12月第十八集团军延安总部公布：八年全国抗战中，八路军、新四军及其他中共游击武装共对日伪作战125165次；毙、伤、俘日伪军1714117人，其中日军527422人，伪军1186695人；缴获长短枪682831支，轻重机枪11895挺，各种炮1852门。

抗战结束时，人民军队发展到1318294人，其中八路军1028893人，新四军268581人，华南游击队20820人。另外民兵有2687698人。解放区面积104万平方公里，县以上城市285座，县市级政权590个。

☞ 两条不同的抗战路线有何区别

在抗日战争过程中，形成了国民政府与中国共产党两条不同的抗战路线。虽然两者都以打败日本帝国主义为目标，但却有着极大的区别。

打倒
國主義

地道战是我国军民在敌后战场开辟的一种新型战斗方式。冉庄地道是一条能打能藏、可守可攻、进退自如的地下长城，冉庄地道战成为中国人民抗击日本侵略者的一个典范。

依靠的力量不同。片面抗战路线是由国民政府和军队包办抗战，依靠英美等国的“外援”，不给人民以抗日所必需的民主自由权利。全面抗战路线依靠中国广大人民群众，并争取和团结一切抗日力量。为此，共产党提出废除国民党一党专政，给人民以充分的抗日民主权利，充分动员、组织和武装民众抗战，使抗日战争成为真正的人民战争。洛川会议通过的抗日救国十大纲领，就是全面抗战路线的具体体现。总之，两条抗战路线的本质区别在于是否发动和依靠人民群众抗战。

代表的阶级利益不同。片面抗战路线是由国民政府的阶级本质决定的，国民政府代表大地主大资产阶级的利益，与广大工农群众处于阶级对立状态，因此不愿意让人民的力量在抗战中发展壮大，从而威胁其日后的统治。全面抗战路线是由中国共产党为代表的无产阶级领导的，代表了中华民族的根本利益，使抗日战争变成了真正的民族解放战争。

抗战的结果不同。片面抗战路线挫伤和打击了人民群众的抗日积极性，影响到国民党前线官兵的士气和战斗力，导致了抗战初期国民党军队的节节败退，丧失了华北、华中、华南大片领土。八路军、新四军执行全面抗战路线，放手发动群众，广泛开展独立自主的游击战争，建立敌后抗日根据地，使共产党领导的抗日武装力量日益壮大和发展，严重威胁日军后方，成为抗战后期对敌作战的主要力量。

☞ 为什么说中共七大是继往开来的会议

1945 年 4 月至 6 月，中国共产党在延安召开第七次全国代表大会。

在会上，毛泽东做了《论联合政府》的政治报告。报告指出，中国人民面前有两个前途：由于国民党继续法西斯独裁统治，坚持反人民立场，在日本被打败后，中国仍可能发生内战。这是黑暗的前途。我们要努力实现光明的前途。报告还指出，成立民主联合政府是中国人民当前的基本要求。只有废除国民党的一党专政，才能成立民主的联合政府，达到打败日本侵略者、建设新中国的目的。

在七大上，确立毛泽东思想为党的指导思想，提出了党的任务：放手发动群众，壮大人民力量，领导人民打败日本侵略者，解放全国人民，建立一个独立、自由、民主、统一、富强的新民主主义国家。

党的七大，是党在新民主主义革命时期最重要的一次代表大会，是团结的大会，胜利的大会，是继往开来的大会。经过抗日战争的锻炼，中国共产党在政治上更加成熟；从思想上看，通过延安整风，使全党清算了"左"的和"右"的错误，确立了马克思主义的思想路线；从组织上看，中国共产党在遵义会议期间形成的领导集体更加团结、巩固；从政策策略上看，中国共产党能根据社会主要矛盾的变化、斗争形势的发展提出正确的路线、方针和政策；从发挥的作用上看，到抗战后期，中国共产党领导的抗日军民成了抗战的中流砥柱。中共七大具有继往开来的历史地位和作用，为抗战胜利和新民主主义革命在全国胜利做好了重要准备。

☞ 中国人民为什么会取得抗战的伟大胜利

一是中国共产党制定的建立抗日民族统一战线的策略方针，促进了国民党内部的分化。西安事变发生后，中国共产党采取的和平解决西安事变的方针和做法，促成了抗日民族统一战线的形成，结束了十年内战局面，为全民族抗战创造了最重要的条件。抗战期间，中国共产党在敌后抗日根据地采取的"三三制"原则和地主减租减息、农民交租交息的土地政策，最大限度地团结一切赞成抗日者。对于国民党的军事进攻，中国共产党采取的"有理、有利、有节"的原则，既打击了国民党顽固势力，又顾全了抗日大局。建立了敌后抗日根据地和开展敌后抗日游击战争，毛泽东提出的人民战争的思想，极大地调动了中国广大军民的积极性，使日军处于人民战争的汪洋大海之中。

二是国民党政府组织了许多抗日会战，保卫平津的战斗、淞沪会战、太原会战、徐州会战、武汉会战、三次长沙会战等，延缓了日军的进攻速度。

三是中国人民付出了惨重的代价，忍受了巨大的苦难，以各种方式进行了英勇的斗争。

四是海外华侨和港澳同胞在华侨领袖陈嘉庚等领导下，积极开展抗日救国运动。全世界人民同情和支持中国人民的抗日战争，例如伟大的国际战士诺尔曼·白求恩和印度援华医疗队的柯棣华大夫都为帮助中国抗日而献出了生命。

五是有利的国际形势。1941 年，日本对东南亚进行侵略，东南亚各国人民开展抗日斗争，和中国人民互相支持；1941 年 12 月 7 日，珍珠港事件爆发，此后，美国在太平洋战场投入了对日作战；1945 年 5 月 8 日，德国投降，欧洲战事结束；8 月 8 日，苏联对日宣战。苏军进攻中国东北，消灭了驻在那里的 70 万日本关东军。

☞ 日本投降的过程及其意义何在

1945 年 7 月 26 日，中、美、英三国发表《波茨坦公告》，促令日本无条件投降。28 日，日本政府表示，对《波茨坦公告》不予理睬。8 月 6 日、9 日，美国先后向日本广岛、长崎投下原子弹。8 月 8 日，苏联对日宣战，并于 9 日出兵我国东北。同日，毛泽东发表《对日寇的最后一战》声明，号召中国人民的一切抗日力量举行全国规模的反攻。8 月 10 日至 11 日，朱德总司令发布受降及对日展开全面反攻等七道命令。八路军、新四军、华南游击纵队遵照命令，展开全国范围的大反攻，取得辉煌胜利。据不完全统计，我军在战略反攻中，共毙、伤、俘日伪军 35 万多人，收复中小城市 250 余座，解放了大片国土。

8 月 14 日，日本表示接受《波茨坦公告》。8 月 15 日，日本天皇裕仁以广播《终战诏书》的形式正式宣布日本无条件投降。9 月 2 日，日本代表在东京湾美国“密苏里号”战列舰上签署投降书。中国抗日战争暨世界反法西斯战争胜利结束，9 月 3 日成为法定的抗日战争胜利日。

9 月 9 日，中国战区的日本投降仪式在南京举行。日本中国派遣军总司令官冈村宁次签署投降书。

中国人民抗日战争是近代以来，中国第一次取得完全胜利的一场民族解放战争，也是“二战”反法西斯战争的重要组成部分，创造了半殖民地弱国打败帝国主义强国的战争史上的奇迹。抗战的胜利，洗雪了近代以来的民族耻辱，显示了中国人民的巨大力量和不屈不挠的斗争精神，成为中华民族由衰败到振兴的转折点。

☞ 为什么说中国共产党是抗日战争的中流砥柱

中国抗日战争的胜利，是全国各族人民经过极其艰苦的斗争，付出了极大的代价取得的。在这场战争中，中国共产党及其领导的人民武装力量，是全民族利益的最坚定的维护者，是团结抗战的中流砥柱，是取得抗战胜利的决定性力量。

中国共产党根据战争形势的发展变化和历史特点，及时调整并制定了一系列正确的方针、政策及战略、战术，为抗日战争的胜利指明了正确的发展方向。中国共产党倡导并做出很大的让步促成建立了抗日民族统一战线；中国共产党始终高举抗日旗帜，采取军事、政治、经济措施反对妥协投降和分裂倒退的逆流，巩固了抗日民族统一战线；中国共产党还制定并贯彻了全面抗战路线；毛泽东《论持久战》的发表，为中国抗战指明了正确方向和道路，指出抗日战争是持久战，最后胜利属于中国。

“兵民是胜利之本。”中国共产党在敌后广泛发动和组织以农民为主力的各阶层群众，开展游击战争，使大量侵华日军陷于人民战争的汪洋大海之中，决定性地消耗了敌军有生力量。八年中，解放区战场毙、伤、俘日军52.7万余人；此外，解放区战场歼灭了绝大部分伪军，达到118.6万余人。共产党领导的军队在这场战争中付出极大牺牲，为夺取抗日战争胜利做出了重大贡献。

☞ 周保中是如何参与东北抗日联军创建的

周保中，原名奚李元，1902年生，云南大理人，白族。毕业于云南陆军讲武学校，曾在滇军和国民军中服役。1926年加入国民革命军，历任营长、团长、副师长等职，参加北伐战争，率部英勇作战，屡建战功。1927年7月加入中国共产党。1928年受中共中央派遣赴苏联莫斯科，先后入东方劳动者共产主义大学和国际列宁学院学习。

“九一八事变”后回国，任中共满洲省委军委书记，组织领导抗日武装斗争。1932年5月起先后任中国国民救国军总参议、前方总指挥部参谋长、总参谋长，指挥过攻克安图县城、三打宁安等战斗。1934年2月领导组建绥宁反日同盟军，任军事委员会主席，率部在宁安地区开展游击活动。1935年后历任东北反日联合军第五军军长、东北抗日联军第五军军长，领导创建绥宁抗日游击根据地，指挥大盘道、前刁翎、依兰城等战斗。1937年10月起先后任东北抗日联军第二路军总指挥、中共吉东省委书记。1938年年初，为打破日伪军6万余人对佳木斯地区的讨伐，组织指挥第二路军主力从依兰地区向五常地区西征，亲率留守部队多次挫败日伪军的讨伐。

1939年春，针对日伪军军事讨伐、经济封锁和政治诱降的严峻形势，周保中主持召开中共吉东省委扩大会议，他坚定地说：“临到革命者牺牲的关头，就应该慷慨就义。我们要决心用自己的鲜血来浇灌被压迫民族解放之花。”随即整顿部队，调整部署，指挥各军分路突出重围。1940年在抗联部队遭受严重挫折、与中共中央失去联系的情况下，继续组织开展小分队游击活动。1942年8月任东北抗联教导旅旅长，坚定不移地率部继续坚持战斗。1945年8月率部配合苏联红军进军东北和接应八路军、新四军调赴东北的部队，曾获苏联授予的“红旗”勋章。解放战争时期，历任东北人民自治军总司令兼政治委员、东北民主联军副总司令兼东满军区司令员、吉林省人民政府主席、东北军区副司令员兼吉林军区司令员，参与领导东北解放战争。

中华人民共和国成立后，周保中曾任云南省人民政府副主席、西南军政委员会政法委员会主任兼民政部长等职。1955 年被授予一级八一勋章、一级独立自由勋章和一级解放勋章。1964 年 2 月 22 日在北京病逝。毛泽东曾称赞说："保中同志在东北十四年抗日救国斗争中写下了可歌可泣的诗篇。"

☞ 女童子军是怎样冒死送国旗给八百壮士的

1937 年淞沪会战中，上海四行仓库八百壮士的英勇事迹，震惊中外，为我全国军民树起一座不屈不挠的精神堡垒。其中，一位 17 岁中国女童子军泅水游过苏州河，勇敢护送国旗献给八百壮士的壮举，极大振奋了整个上海战区和租界的军心。

原来，当时八百壮士为了掩护数十万友军撤退，在四行仓库独立对抗日军，除了租界外，上海基本上都被日军占领。这时候，女童子军杨惠敏正在租界难民收容所服务，眼见对岸日军旗帜遍布，独四行仓库屋顶未竖国旗，于是她立下决心，为英勇孤军做出献旗的壮举。

10 月 29 日天未破晓，谢晋元团附率领所属肃立天台升旗，这时，东方已现鱼肚白，曙色熹微中，平台上站了一二十个人，都庄严地举手向国旗敬礼。没有音乐，没有排场，但是，那神圣而肃穆的气氛，庄严而悲壮的感人场面，叫人永远也忘记不了。上海市民于一片烟尘火海中，争睹巨幅国旗，迎风招展，无不喜极而泣，感奋万状。这位百战英雄，在敌人的炮火下没有哼过半声，这时却泣不成声地说："勇敢的孩子，你送来给我们的岂仅仅是一面崇高的国旗，而是我中华民族誓死不屈的坚毅精神！"

英国路透社记者先后将八百壮士和女童子军的英勇事迹传遍海内外。当八百壮士完成坚守四行仓库的使命后，中央同意撤军到租界去，没有多久，杨惠敏也走到租界去为八百壮士服务。

杨惠敏不仅是中国女童子军的光荣，也是中国女青年的榜样。保家卫国不是一定要持刀持枪，一面小小国旗，足以振奋战场上的军心，而童子军精神，就是不居功、不怕死，完全是服务人民的仁爱牺牲精神。

☞ 为何说斯诺是中国人民真诚的朋友

1905 年 7 月，斯诺出生在美国密苏里州一位印刷厂厂主家中。年幼时的斯诺是一个顽皮、富于想象却又缺乏耐心的人，他时常上演一出出闹剧或者一个个小的恶作剧。后来斯诺进入密苏里州大学新闻系学习，之后又前往纽约报社工作。他在和毛泽东主席回忆这一段时曾说，报社的工作是激动人心的……我们总是带着敬意在对待自己的工作。

斯诺于 1928 年正式来华，1933 年至 1937 年担任燕京大学讲师。1931 年，“九一八事变”发生，那时斯诺先生正作为记者在东北境内采访，他称这次采访是令人心碎的采访，由于蒋介石的不抵抗命令，斯诺目睹了大批中国军队撤离山海关，任由日军在中国的土地上横行霸道。在他的第一本书《远东前线》中提到，日本在中国的土地上很好地诠释了帝国强盗逻辑，他们的目的就是把太阳旗插遍中国的每一个角落。

1932 年的“一·二八战役”中斯诺第一个向世界报道了中国十九路军与日军开战的消息。他洋洋洒洒地写下了这篇令他无比激动的报道：我看到中国人的爱国热情被点燃了，这样的精神是无坚不摧的！

1935 年“一二·九运动”爆发，斯诺先生及夫人为此写了许多最前线的报导，向世界展现出当时最写实的报道，让世界见证了日军的暴行以及中国军队顽强的抵抗。

1936 年，斯诺冲破战火的重重阻碍，在陕西考察了整整 4 个多月，把他所见所闻如实地记下，真实地还原了当时的历史背景，他写下了轰动世界的著作《西行漫记》，向世界公正客观地介绍了中国共产党和中国革命对抗日的战略、主张、方针和提出建立抗日民族统一战线的政策。这一著作使世界渐渐了解中国共产党领导的抗日军民是中国抗日战争的中流砥柱和世界反法西斯战争战线的坚定盟友。斯诺起了具有世界历史意义的重要作用。因为有他，美国才接受了中国作为反法西斯战争重要力量的观点。

1938 年的夏天，日本帝国主义深入侵略中国国土，残害中国人民，人民生活在不堪回首的日子里，斯诺与爱泼斯坦合作，一同将毛泽东的《论持久战》，迅速翻译成了英文，向世界各国广泛地传播，在各地引起了强烈的反响。

1939年，在对延安考察结束后，斯诺又陆续对中国共产党坚持抗日统一战线、反分裂投降和八路军在战场上奋勇杀敌，保卫祖国，坚定抗日，以及对其取得的胜利战绩做了报道。在国际上对国民党军消极抗日，破坏统一战线，企图向日本兵妥协的事件做了披露和鞭挞。

毛泽东主席曾赞言说，他是头一个为统一战线所必需的建立友好关系工作的铺路人，并说道，美国是一个大民族，美国人民反对帝国主义，斯诺先生是站在人民大众的一方，他是共产党的好朋友，希望能通过斯诺先生，使中美两大民族人民携手，共同对抗法西斯，打倒日本帝国主义。

回到美国后，斯诺先生曾向美国总统罗斯福先生提出，请美方在军队上支援抗战。罗斯福认为，这样的人们是可以赢得这场战争的，并同意在军队上给予支援。遗憾的是，在此后的第二年，罗斯福总统突然去世。支援的计划也被搁置。

斯诺作为中国人民的朋友，把中国的事业当作自己的事业，支持中国的战时经济，如实报道中国的抗战实况，开展大量的国际宣传，极大地支持了中国的反侵略战争。他把一生最宝贵的年华都献给了中国和中国人民的抗战事业。

英雄与仇敌

☞ 赵一曼是如何为国捐躯的

赵一曼原名李坤泰，1905 年 10 月生于四川宜宾县。后加入中国社会主义青年团、中国共产党。1927 年 9 月赴苏联莫斯科中山大学学习。1928 年冬回国，先后在上海、江西从事地下工作。“九一八事变”后，被派往东北发动抗日斗争，更名为赵一曼，先后在奉天（沈阳）、哈尔滨领导工人斗争。1934 年 7 月，她赴哈尔滨以东的抗日游击区，任珠河中心县委委员兼铁北区委书记、东北人民革命军第三军一师二团政委，被当地战士们亲切地称为“我们的女政委”。

1935 年 11 月，东北抗日联军第三军第二团被日伪军包围，赵一曼指挥部队与敌人进行激战，击毙古谷清一大尉等 30 余名敌人。为掩护部队突围，赵一曼身负重伤。几天后，在一农舍养伤的赵一曼被敌人发现，被敌人逮捕。面对敌人的酷刑，赵一曼宁死不屈。为了得到口供，敌人把她送到医院治疗。在医院里，她积极宣传抗日救国道理。女护士韩勇义和看守董宪勋深受感动，帮她出逃。途中被捕后，赵一曼受到更为残酷的刑讯，但始终坚贞不屈。敌人恼羞成怒，决定杀害她。在走向刑场的途中，赵一曼虽然感觉到死亡迫近，但丝毫没有表现出惊慌，反而透露了为抗日斗争而死才是光荣的态度。

1936 年 8 月 2 日，在给孩子写下要替代母亲继续斗争的遗言后，赵一曼高唱着《国际歌》《红旗歌》，高呼“打倒日本帝国主义！”“中国共产党万岁！”等口号，走上刑场，英勇就义。

☞ “八百壮士”在淞沪会战中有如何出色的表现

在淞沪会战的最后阶段，10 月 26 日晚，守卫大场防线的中国军队第二六二旅第五二四团第二营 452 人（报界宣传称“八百壮士”），在团附谢晋元、营长杨瑞符的指挥下，奉命据守苏州河北岸的四行仓库，掩护主力部队连夜西撤。

从10月27日下午开始，日军重重包围四行仓库，开始进攻。守卫四行仓库的中国军队孤军奋战，誓死不退，坚持战斗四昼夜，击退了敌人在飞机、坦克、大炮掩护下的六次进攻。与此同时，上海人民也以极大的爱国热情支持和鼓励着壮士。人们冒着生命危险，把慰问品、药品源源不断地送入了四行仓库，支持壮士们抗击日军。

四天后，由于已达到拖延日本军的目的，于是接受英国调解。10月31日凌晨2时，由宋子文电话转达蒋介石的撤退命令后，中国军队才撤退到英租界。这次英勇作战，中国军队以寡敌众，营长杨瑞符和10余名士兵战死，30余人负伤，共击毙日军200余名，被国际社会赞为奇迹。

当时四行仓库临近南岸的公共租界，谢晋元的防守被当时逃避到租界的大量平民和外国人士所目睹，激发了民众的抗日信心。也有专家认为，谢晋元的防守是有意地进行表现。因为通常军事命令只要上级指示便行，无需由宋子文出面转达撤退命令。另外，谢晋元进驻仓库当夜，曾有英国士兵询问驻兵有多少人，谢晋元为了壮大声势，回答八百人，因此被称作了“八百壮士”。但无论怎么说，他们显示出了中国军民抗日不屈不挠的决心。

☞《大刀进行曲》是为哪支抗日部队创作的

大刀向鬼子们的头上砍去！
全国武装的弟兄们，
抗战的一天来到了，
抗战的一天来到了！
前面有东北的义勇军，
后面有全国的老百姓，
咱们军民团结勇敢前进。
看准那敌人，
把他消灭！
把他消灭！
冲啊——

大刀向鬼子们的头上砍去,

杀!

这首流传甚广的抗战歌曲——《大刀进行曲》,是1937年7月作曲家麦新为第二十九军大刀队所创作的。这首歌曾激励了全中国的抗日军民。而当年率领大刀队,创造用大刀重创日军奇迹的将领是赵登禹。赵登禹从1914年开始,即随冯玉祥将军转战各省。在1933年的长城抗战中,赵登禹领导二十九军三十七师一〇九旅坚守喜峰口,由于火炮很少,白天受到日军轰炸,而不能将其压住,赵登禹根据敌情,及时组织部队利用夜色的掩护,亲抡大刀率领战士夜袭敌营,砍死日军数百人,赵将军自己就劈死了十几个日本鬼子。日军在退回承德后追悼阵亡将士时宣称,这是日本侵华以来,“前所未有的耻辱”。

后来,赵登禹将军在“卢沟桥事变”中为国捐躯。但他率领大刀队奋勇杀敌的形象却活在了人们心中。1952年6月11日,毛泽东还亲笔签署了烈士证书,颁给其家属,人民政府拨款重修了旧宛平城东门外铁路桥一侧的赵登禹墓。几十年过去了,人们没有忘记赵登禹的历史功绩,他的墓前常有人自发地凭吊和祭扫。

☞ 彭雪枫为何被毛泽东称作“赵子龙式的虎胆英雄”

1907年9月9日,彭雪枫诞生在河南省镇平县七里庄一个贫苦的农民家中。大革命时期,他在党的影响教育下,接受了马列主义,1925年5月加入共青团。1926年9月转入共产党,后成为北京东城区著名的学生运动领袖和地下党负责人。1930年5月,奉命到红军中工作。在战斗中,他身先士卒,指挥得当,战绩卓著,成为红军时代闻名全军的青年将领。1932年8月,红二师师长郭炳生在乐安带领红五团叛逃中,彭雪枫月下追叛军,单枪匹马地带回被郭炳生裹胁的部队。毛泽东夸奖他:“彭雪枫一身都是胆,是赵子龙式的虎胆英雄。”

在抗战的烽火岁月中,更充分体现出彭雪枫的指挥艺术。1938年9月,在豫东敌后,时任新四军游击支队司令员兼政委的彭雪枫率领373名战士对日军开展游击战争，他采取“打”“拉”“防”的战略战术，6 个月内部队人数增至近 2 万人。捷报送至中央时，首长们谁也不信，以为他多写了两个零。后经查实，延安震动。

1944 年 9 月 11 日，任新四军第四师师长的彭雪枫率领部队在河南省夏邑县八里庄与日伪军作战。从部署战斗到指挥追击，彭雪枫已经一连工作了好几天。正当他准备和衣而卧时，突然枪声大作。他不顾安危，到最前线掌握敌情，却遭冷枪击中胸部。一代名将壮烈牺牲，年仅 37 岁。

☞ 抗日名将王铭章是如何殉国的

王铭章（1893—1938），字之钟，成都市新都人，著名抗战英雄。他历任国民革命军第二十九军第四师师长，川军第四十一军第一二二师师长，第四十一军代理军长等职。1937 年出川抗战。

1938 年 3 月，日军第十师团沿津浦路南下，企图进攻徐州。为了固守滕县，阻止日军南进，四十一军第一二二师师长王铭章统一指挥第一二二师、一二四师在滕县御敌。王铭章所领的川军装备很差，常用的武器是步枪、手榴弹、大刀，步枪多系土造，性能不稳定。但他却临危受命，坚定不移地抗战。

3 月 14 日，日军第十师团第三十三旅团在飞机、坦克的配合下，向滕县外围发动猛攻。15 日，日军突破中国守军界河阵地，进入滕县境内。16 日，日军在飞机、坦克及重炮的配合下，向滕县城内发起总攻。王铭章冒着枪林弹雨，亲自登城督战，指挥守军用手榴弹多次打退日军的进攻。

3 月 17 日，日军从东、南、北三面包围滕县，几十门大炮向城内猛轰，20 多架飞机低空扫射，全城硝烟弥漫，火光冲天，城墙多处被炮火轰毁。战至下午 5 时，日军攻入西城，王铭章将军在发出“决心死拼，以报国家”的最后电文之后，即于破城后的巷战中，与参谋长赵渭滨将军、邹绍孟将军同时壮烈殉国。滕县中国守军，除极少数突围外，大部分阵亡。

1938 年 4 月，国民政府发出褒扬令，追赠王铭章为陆军上将。1984 年 9 月 1 日，四川省人民政府追认王铭章为革命烈士。

☞ 杨靖宇是如何坚持战斗的

杨靖宇，原叫马尚德，1905 年生于河南确山一个农民家庭，杨靖宇是他到东北工作时的化名。1923 年秋，杨靖宇考入开封工业学校，1926 年夏加入了共青团，1927 年转入中国共产党。1929 年春天，杨靖宇被派赴东北进行抗日工作。

杨靖宇先是到抚顺煤矿搞工人运动，被矿上的日本特务逮捕并引渡给东北军阀。他入狱 2 年多，1932 年年初才得以出狱。随后，他代理中共满洲省委军委书记，重整了吉林磐石地区的抗日游击队，使其成为共产党在南满掌握的最早的武装。在其领导下，这支队伍在 1934 年成为拥有 4000 余人的东北人民革命军第一军，杨靖宇担任军长。

1936 年，东北人民革命军改编为东北抗日联军，杨靖宇任第一军军长兼政委，随后又任第一路军总指挥（下属第一、第二军），在今天的吉林东部及辽东几十个县开辟了广大的游击区。他的基本部队有 7000 余人，还领导了 10000 人左右的统战关系部队，成为抗联中最大一支主力军。杨靖宇作战英勇，战术多变，多次打击敌人。

日军加紧了对东北抗日武装的进攻，在敌人的重兵围攻下，抗联分兵活动。由于叛徒告密，敌人得知了杨靖宇的动向。1940 年 2 月 23 日，在与敌战斗中，杨靖宇中弹牺牲。敌人割下他的头颅，回去请赏，还剖开他的腹部，发现胃里装的尽是枯草、树皮、棉絮之类，没有一颗粮食。1946 年东北解放后，人民政府把他当年战斗过的蒙江县改名为靖宇县。1958 年，在通化市建立了靖宇陵园。

☞ 张自忠中将是如何由“汉奸”转而为国捐躯的

张自忠 1891 年 8 月 11 日出生于山东临清县唐家园，早年乃一书生，后弃笔从戎，于 1914 年赴奉天新民屯陆军第二十镇随营学校当兵，从此开始了他长达几十年的戎马生涯。

1937 年，张自忠代理冀察政务委员会委员长兼北平市市长。由于蒋介石的妥协投降态度，他不得不委曲求全，表现得对日本侵略军非常友好。一时，华北盛传张自忠是大汉奸。北平沦陷后，他逃至南京。在闲置一段时间后，担任新组建的第五十九军军长。在返回部队当天，张自忠对部众失声痛哭："今日回军，除共同杀敌报国外，是和大家一同寻找死的地方。"

1938年3月参加台儿庄战役，他曾与队伍一日一夜行军180里，与敌军精锐板垣师团遭遇，一举歼灭对方两个联队。板垣师团为日军有名精锐部队，经此重创，仓皇后撤。张将军衔尾急追，一日又追120里，取得抗战史上有名的临沂大捷。同年5月升任第二十七军团军团长，5个月后再升任三十三集团军总司令兼任第五战区右翼兵团总司令。

1940年5月枣宜战役爆发，张自忠将军在湖北省宜城亲率部队对日军作战。中国军队武器落后，与日军兵力悬殊。但张自忠毫不畏缩，指挥部队奋勇进攻。激战达九昼夜，敌人伤亡惨重，不晓得这支中国部队何以这样能打。后来听说其中有张自忠在，增援反扑，以飞机大炮配合轰击，弹如雨下。16日一天中，从早战到晚上，张自忠所部伤亡殆尽，他身中六弹，多次倒地，都爬起冲杀，最后光荣牺牲。

抗战胜利后，北平、天津、上海、济南、汉口等几个大城市，都以他的名字命名街道以示纪念。1995年5月16日，张自忠纪念馆在湖北省荆门市龙泉公园落成。

☞ 被开除党籍的赵尚志是如何坚持抗日的

赵尚志（1908—1942），是著名的抗日英雄，辽宁朝阳人，后随父母到哈尔滨。幼年时当过学徒，做过杂役和信差。"五卅运动"后，他开始积极参加反帝爱国运动，并加入中国共产党，不久被派往黄埔军官学校第五期学习。1926年5月，蒋介石提出"整理党务案"，加紧迫害共产党人，赵尚志毅然退出黄埔，重返东北进行地下斗争。曾在1927年和1930年，两次遭奉系军阀逮捕。

"九一八事变"后，赵尚志被营救出狱，1932年春，曾先后任全满反日总会党团书记、中共满洲省委军委书记。其间曾与他人在香坊城高子车站附近炸毁日本军用车一列,给敌人以沉重打击。5月,被派往巴彦,整顿巴彦游击队。该队于1933年年初被日寇瓦解,后来把责任全部加在他身上,并以“右”倾错误,开除了他的党籍。

赵尚志抗日决心丝毫不变,投入义勇军孙朝阳部当了名马夫。由于积极献策,后被任命为参谋长。再后来,赵尚志率该义勇军骨干队员创建了珠河反日游击队,1934年6月,珠河反日游击队扩编为东北反日游击队哈东支队,任司令。

1935年1月,满洲省委决定,正式恢复他的党籍。此后,历任多职,其间,率部西征,开辟小兴安岭和黑嫩平原的抗日游击战争。

1939年6月,赵尚志被任命为东北抗日联军总司令,主持东北工作。1940年1月,被错误地开除党籍。但赵尚志没有动摇,仍坚持武装抗日斗争。1942年2月12日在战斗中身负重伤被俘,宁死不屈,壮烈牺牲。

1982年6月8日,中共黑龙江省委员会根据中共中央组织部的提议,给予赵尚志完全平反并恢复党籍。

☞ 一代名将左权怎么会血洒太行山

左权是我党历史上的一代名将。他于1905年出生于湖南醴陵,自幼好学,后来在求学过程中坚定了共产主义信念,于1930年参加红军。长征后,左权曾率部夜战山城堡。在抗战时期,他出任八路军副参谋长参与指挥百团大战、黄崖洞保卫战,立下赫赫战功。左权不仅善于带兵,而且擅长著述,著有《论坚持华北抗战》《埋伏战术》《袭击战术》等军事论文。

1942年5月25日,日寇进犯我抗日根据地,在大部队突围时,身为副参谋长的左权毅然提出率领少数人断后。午后2时许,大队人马转移到山西省辽县十字岭的一个山腰间。这里是敌人枪炮打不到的死角,左权组织部队略作休整。这时,一位已送彭德怀到达安全地带的警卫连连长转身回来拉左权先行转移。左权一把甩开他的手,说:“我有我的岗位,不能走。你快去跟彭总。他要是有个三长两短,我枪毙你!”这位警卫连连长第一次看到左权发这么大的火,只好含着泪离开了。偏西的太阳越来越低。日军的炮火对准了十字岭东阳坡突围的人群,敌机也在上空盘旋轰炸。子弹、炮弹像密集的雨点倾泻而来。一时间烟尘滚滚,天昏地暗。面对敌人已形成的立体火力网,左权见有人想隐蔽,就登上一个高坡,大声高喊:“同志们,不要隐蔽,冲出山口就是胜利,往前冲啊!”这时,一颗炮弹打来,他壮烈牺牲,成为中国共产党在抗日战场上牺牲的最高级别将领。

☞ 美国总统罗斯福为何会给戴安澜将军颁发功勋章

戴安澜(1904—1942),字衍功,号海鸥,安徽无为人。他幼年曾就读于私塾和公学,1925年1月进入黄埔军校第三期,次年毕业后,被分配到国民革命军总司令部,先后任多职。1938年,在台儿庄对日作战中,因战功卓越晋升为第八十九师副师长兼第三十一集团军总部干部训练班教育长。1939年升第二〇〇师师长,授陆军少将军衔。

1942年年初,中国远征军(援缅军)成立。3月,戴安澜率所部万余人作为中国远征军的先头部队,赴缅参战。在东吁战役中,他面对数倍于己的日军,表示了决一死战的坚定信念:“此次远征,系唐明以来扬威国外的盛举,虽战至一兵一卒,也必死守东吁。”在十多天激烈的东吁保卫战中。戴安澜率部孤军奋战,击毙敌军5000余人,掩护了英军的撤退,取得了出国参战的首次胜利,得到了国际会议的广泛赞赏。

4月24日,戴安澜率部收复棠吉,他亲临前线指挥,战斗异常激烈。战至午夜,棠吉被攻克。捷报传来,不仅使中国远征军受到极大的鼓舞,而且也使东线战局的转危为安有了希望。但由于日军迂回包抄,戴安澜所部陷入日军重围。同年5月16日在奉命撤退的途中,突遭日军重兵伏击。激战两天后,全师伤亡惨重,戴安澜胸腹两处中弹,但还是突出重围。但在多雨的山林中,戴安澜的伤口感染恶化,5月26日行至孟关(即茅邦)时,以身殉国,终年38岁。美国国会授权总统罗斯福,在戴安澜去世后,向他颁发了美国军团功勋章。

☞ 李家钰将军是如何出川抗战的

李家钰(1892—1944),字其相。曾任四川边防军总司令,国民革命军第四十七军中将军长。他曾经是四川军阀,并长期与红军作战。

1937年“七七事变”后,李家钰出自民族义愤,通电请缨杀敌。蒋介石迫于全国军民抗日声势,同时达到他排斥、削弱异己的目的,于同年8月密令李家钰等部川军出川抗战。李接电令于9月初,率1.8万人从西昌出发,部队单衣草鞋,行程3000余里,12月始抵达晋东南抗日前线。他深受全民团结救亡高潮和共产党抗日统一战线政策的感召和鼓舞,幡然悔悟,奋勇杀敌。

1938年春,李家钰率部在东阳关、长治一带同装备精良的日寇入侵部队一〇八师团一〇四旅团激战两役,官兵非常英勇。建国后当地人民在东阳关建立了“川军抗日死难纪念碑”。同年3月至5月,李家钰率军与八路军合作,收复了被日寇侵占的晋南平陆、芮城、安邑等县城,战绩卓著。

1939年冬,李家钰积功升任三十六集团军总司令。曾在1940年春,率军保护朱德总司令由武乡赴洛阳开会。此后,李家钰将军多次与八路军、抗日游击队合作,对于日寇则给予沉重打击。

1944年豫中会战中,李家钰指挥所部在新安、渑池地区抗击日军。5月21日,李家钰率领的集团军总部官兵在河南陕县东姚院村秦家坡陷入日军伏击圈,总部官兵200余人全部殉难,李家钰头额及左腋被子弹和枪榴弹破片击中,终因流血过多而牺牲。

李家钰将军牺牲后,被国民党政府追赠为二级陆军上将,准入祀忠烈祠,举行国葬。1984年,被中华人民共和国民政部追认为抗日战争中壮烈牺牲的革命烈士。

☞ 日寇为何对狼牙山五壮士跳崖处鞠躬

狼牙山在河北省易县境内,距保定西北约50千米,是晋察冀根据地的东部门户。1941年9月,日军集中7万人对晋察冀根据地进行大规模“扫荡”，第一军分区第一团第七连担任防御。9 月 25 日晨，日军约 2000 人开始向狼牙山进攻，第一团团长给七连的任务是坚守到中午 12 点，然后撤出战斗，向主力靠拢。

七连隐蔽在山腰，待敌人接近时突然开火。日军以为是八路军主力，拼命猛攻。几次交手之后，七连伤亡不小，连长也负了重伤，指导员带领伤员首先转移，把继续坚守的任务交给了六班。这时，六班也只剩下 5 人，他们是，班长马宝玉、副班长葛振林、战士胡德林、胡福才、宋学义。

他们凭借有利地形，又打退敌人几次进攻。日军不知山上有多少八路军，继续猛攻不已，六班正好把日军往山上引，不觉太阳偏西，六班也快退到了山顶，班长与大家商量：如果转移出去寻找主力，日军肯定会跟踪追击，于是 5 个人一致同意退向山顶。到了山顶，已无路可退。子弹打光以后，班长拧开最后一颗手榴弹盖儿，大家都明白班长的意思，冷静迅速地向班长靠拢，但在手榴弹即将爆炸的瞬间，班长突然将手榴弹扔向敌群，然后一转身，面对悬崖，高喊“跟我来！”跳了下去，其余 4 个人也学着班长的样子，跟着跳下悬崖……

红一团团长邱蔚在距狼牙山棋盘陀峰 5 公里的另一座山峰上，他目睹了六班抗击日军，最后全部跳崖的经过，还看到日寇在五壮士跳崖后，竟然整齐地排成几列站在五壮士跳崖处，随着指挥官的口令，恭恭敬敬地三鞠躬。马宝玉、胡德林、胡福才光荣牺牲，葛振林、宋学义被挂在树上，摔断了腰，被战友们救护归队。

☞“马石山十勇士”是如何抗击敌人的

1941 年至 1942 年是抗日根据地最艰苦的时期，日军以“三光政策”对我抗日根据地进行残酷的“扫荡”。1942 年 11 月，日军集中 20000 兵力，从 19 日开始，以牙山、马山为中心，布下了一个南北长 90 公里、东西宽 75 公里的包围圈，对我胶东抗日根据地进行了 40 天拉网式“扫荡”。鬼子们白天搜山搜村，晚上布哨封锁。在群众身陷绝境时，人民子弟兵打响了救援父老乡亲的突围战。

1941年9月，日军集中7万人对晋察冀根据地进行大规模“扫荡”，第一军分区第一团第七连担任防御。9月25日晨，日军约2000人开始向狼牙山进攻，第一团团长给七连的任务是坚守到中午12点，然后撤出战斗，向主力靠拢。

23 日夜，胶东军区十三团七连六班的班长王殿元带领全班战士，在马石山遇到群众后，主动留下来组织乡亲们一起向外突围。在当地一位牧羊老人的指引下，他们利用山沟的有利地形，三次进出包围圈，组织群众分批转移，共使 1000 多人安全脱险。当他们第四次返回马石山时，已是拂晓，这时日军开始了总攻。六班顽强阻击、节节抵抗，有 7 人战死在通往主峰的山路上。最后，班长王殿元和其他两名战士砸毁枪支，抱在一起，拉响了最后一颗手榴弹。六班后来被誉为“马石山十勇士”。

“马石山十勇士”是在胶东地区反“扫荡”过程中唯一流传下来的故事，这是因为著名作家峻青就是当年被“十勇士”救出的幸存者之一。后来，他依据自己的所见所闻写成了散文《马石山上》，新中国成立后被收录进小学课本。

☞ 为什么说山本五十六是战争赌徒

山本五十六是日本海军将领，是第二次世界大战时期日本法西斯疯狂向外侵略扩张的代表人物。山本出生在日本一个贫困的旧武士家庭，早年参加过日俄战争，曾就读于哈佛大学，受过系统的高等教育。他性情峻冷，喜欢赌博，善于判断，勇于创新，像许多武士的后代一样，他还有渴望为天皇建功立业的强烈欲望。

在“二战”期间，山本五十六亲自策划、指挥偷袭珍珠港，揭开了太平洋战争的序幕。当时的日本在国力上根本无法与美国相提并论，但山本五十六却胆大妄为，把日本拉进了与美国一战的泥潭。在开战之初，山本五十六指挥的日本联合舰队曾横扫整个西太平洋，骄横狂妄，不可一世，为日本军国主义妄图征服亚太、称霸世界开路。

作为日本法西斯对外侵略的急先锋，山本五十六为世界各国人民所痛恨。1943 年 4 月 18 日，美军于南太平洋布于维尔岛上空伏击了他的座机，终使山本五十六一命呜呼。

应该看到，山本五十六是日本海军航空兵的缔造者，在偷袭珍珠港时首次把航空母舰编队投入实战，一举开创了世界海战史上的航空打击时代。

但他却是疯狂发动法西斯侵略战争的罪犯，他的才干不仅没有造福人类，反而阻碍和延缓了人类历史发展进程。因此他也就成了千古罪人，而且终于不能逃脱失败的命运。

☞ 在侵华战争中，东条英机扮演了什么角色

东条英机（1884—1948），曾任日本的首相。陆军上将，甲级战犯。

东条英机生于东京一军阀家庭，自幼受军国主义思想教化，1905 年任步兵少尉，参加日俄战争。1915 年陆军大学毕业后，曾任多种职位，主张建立法西斯独裁，鼓吹对外扩张，参与策划“九一八事变”。1933 年 3 月晋少将，11 月任陆军省军事调查委员长，镇压日本人民的反战活动。1935 年 9 月任关东军宪兵队司令兼警务部长。次年晋升中将。

1937 年 3 月任关东军参谋长，镇压中国人民的抗日斗争，支持日本 731 部队进行活人试验，掠夺中国的战略物资，策动内蒙古独立。“卢沟桥事变”后，率部进攻察绥和晋北地区，侵占张家口、大同、绥远、包头等地。

1938 年 5 月起历任陆军次官兼航空本部长、航空总监，鼓吹对中、苏同时作战，1940 年 7 月任陆军大臣兼对满事务局总裁，主张对内实施总动员，完善战时体制，加紧扩军备战；对外与德、意结盟，乘欧战爆发之机向东南亚扩张。苏德战争爆发后，支持关东军进行特别大演习，伺机对苏开战。

1941 年 10 月出任首相兼内务大臣、陆军大臣，晋陆军上将。同年 12 月派兵袭击珍珠港，入侵东南亚，挑起太平洋战争。1942 年 6 月中途岛海战受挫后，为挽回不利局面，对占领区采取“怀柔政策”。

1943 年出访东南亚，承认缅甸、菲律宾独立，扶植傀儡政权；在中国推行“以华治华”“以战养战”政策，对中国共产党领导的抗日根据地发动疯狂进攻。1944 年盟军在太平洋战场发起全面进攻后，其内阁陷入内外交困、四面楚歌的境地，7 月被迫辞职。日本投降后自杀未遂。1948 年被远东国际军事法庭判处绞刑。

以史为鉴

☞ 中国人民为何不能容忍日本政要参拜靖国神社

靖国神社，是位于日本东京都千代田区九段坂的一座神社。靖国神社建立于1869年，原称"招魂社"，是明治天皇重新掌权以后，用以纪念一班为皇权恢复而牺牲的军人而建。在明治维新后，靖国神社供奉在战争（包括甲午战争、日俄战争和"二战"）中为日本战死的军人。因此，日本全国其他神社都由内务省管理，唯独靖国神社由军方管理。现时存放着接近250万名为日本战死者的灵位。

在第二次世界大战的时候，靖国神社曾经作为神风特攻队的出发仪式举办地。即使在现在，也往往有日本"二战"退伍老兵在此举行各种悼念活动。他们身着"二战"时期日本旧军装，列队示威，口呼军国主义口号。因此，靖国神社也成为日本军国主义的象征。

1978年，靖国神社秘密地将"二战"时的1068个战犯列入他们供奉的名字里，其中更有14个被盟国远东军事法庭入罪和处决的甲级战犯。这些甲级战犯包括首相东条英机和外交大臣广田弘毅。正由于这班主要战犯的灵位也同时供奉于神社内，所以每当日本政要前往靖国神社参拜，都会引起包括中国在内的多个遭受过日本侵略的国家及人民的反对。

自1978年后，日本裕仁天皇因为不满神社供奉"二战"甲级战犯，再也没有正式参拜靖国神社。1985年8月15日，中曾根康弘以日本首相身份参拜靖国神社，也是第一个战后以日本政府元首的身份来参拜。后任首相小泉纯一郎更是不顾亚洲所有被日本侵略的国家和国内反对派的反对，多次正式参拜，说明了日本政治环境正向右翼化发展。

☞ 为什么说《拉贝日记》十分重要

侵华日军制造的南京大屠杀惨案，是日本法西斯在中国所犯严重罪行之一，是中国现代史上极其惨痛的一页。但日本当权者中的许多人却竭力否认有这样的惨案，企图隐瞒事实真相。然而事实就是事实，不断有揭露惨案真相的材料被人发现,《拉贝日记》即是其中之一。

《拉贝日记》是德国人约翰·拉贝亲身目睹南京大屠杀所作的记录,时间跨度从1937年9月到1938年2月。《拉贝日记》是近年发现的研究南京大屠杀事件中数量最多、保存得最为完整的史料。这部日记所记述的,都是拉贝的亲历亲见亲闻。在写作日记的同时,拉贝还精心保存了80多张现场拍摄的照片,并对这些照片做了翔实的说明。这些文字对中日交战双方的实际情况和政治是非做了客观公正的评价。

拉贝是南京安全区的发起人之一,并担任安全区国际委员会主席。他们设立的南京安全区为大约25万中国平民提供了暂时栖身避难的场所。同时,他是德国纳粹党南京小组代理,这特殊身份使他的记述具有别人难以代替的作用。

当然,由于拉贝当时活动所限,不可能在日记中,对日军南京大屠杀的全过程做出完整的系统的论断和估计。尽管如此,《拉贝日记》仍具有很高的史料价值。它是对侵华日军制造这一惨绝人寰的大屠杀的血泪控诉,是对日本军国主义者犯下的严重罪行的有力证词。

☞ 美国作家的《人性的瘟疫》反映出什么样的史实

2004年,美国作家丹尼尔·巴伦布兰特出版了新书《人性的瘟疫:轴心国日本的细菌战和秘密的种族屠杀》,该书一出版就引起了世人的关注。它取材于大量原始的资料和新挖掘的证据,详细描述了日军在中国实施细菌战的历史背景、前后经过及恐怖后果,被评论家称为"将人类历史上最可怕一章公之于众"的一本书。

早在20世纪20年代,为了实现吞并邻国称霸世界的野心,日本军国主义者就采纳了日本军医大尉石井四郎的献计,确定了进行细菌战的战略,想以最低的代价,赢得侵略战争的胜利。

侵华日军先后在哈尔滨、长春、北京、南京、广州以及新加坡、马来西亚等地设立大型细菌战基地和工厂,又在中国63个大中城市设立分部和工厂。仅日军731部队就利用细菌杀害过我国爱国志士数千人,还将这一手段推广用于其他地方和医院，杀害数万人，杀害的主要对象为我国坚贞不屈的爱国抗日战士和苏、美、蒙、朝等国反日人士。

日军将细菌研究“成果”广泛用于战争中，曾在中国20个省进行细菌战，造成了疫病大流行。

据统计，有据可查的就有27万无辜人民死于细菌战，军方的死亡人数还没有统计进去。而由于疫病蔓延造成的死亡人数更是不计其数。

☞ 日本军国主义何以会重新抬头

日本军国主义与日本右翼势力和右翼团体直接相连。战前，日本军国主义者发动的一系列侵略战争都与日本右翼分子鼓吹法西斯主义密切相关。战中，日本右翼与军阀、财阀紧密勾结，疯狂对外侵略。战后，占领日本的美军一度解散了日本右翼团体。但随着“冷战”开始，美国出于反苏、反共目的，不仅任凭日本旧的右翼势力恢复，而且还产生了新右翼团体，逐渐对日本社会产生影响。

1945年日本投降后，被盟国整肃的日本右翼法西斯团体共233个。可是，到1951年夏天，日本的右翼团体却恢复到540个。目前，日本右翼政治团体已达900个，约12.5万人。

战后日本右翼势力的发展大致分4个时期：20世纪50年代是恢复阶段，60至70年代初是猖狂活动阶段，70至80年代末是发展、巩固和充实力量的阶段，80年代末至今是疯狂否定侵略历史的叫嚣阶段。从右翼的组织和成员来看，规模较战前大，成员复杂，从民间到政客都有人参加。从活动的方式和性质来看，战后的日本右翼与战前右翼非常相似：进行恐怖活动、策划军事政变、镇压进步力量、扼杀言论自由、极力否认侵华历史、坚持皇国史观、鼓吹民族主义。

20世纪80年代末以来，日本右翼分子的气焰越来越嚣张。日本首相小泉纯一郎等领导人执意参拜靖国神社、推动日本走军事大国道路、修改日本和平宪法等一系列做法，加之日本警方对右翼活动采取的放纵态度，在客观上更加助长了右翼政治势力的气焰。

☞ 有多少中国劳工被日本侵略者掳往日本

为了支撑太平洋战争，解决国内劳动力严重不足的问题，日本东条内阁于1942年11月27日做出《关于向国内移进华人劳工事项的决定》。在此之前，日本土木建筑业界、矿厂业界、港湾业界陆续向政府提出请求书以要求输入中国劳工。1939年，北海道土木工业联合会外地劳动者移入组合代表地崎宇三郎（地崎组社长）在给政府的请求书上说："日本国内劳动力不足已经成为严重问题，必须从中国大陆输入低廉的'支那劳工'，以根本解决现在的劳动力不足问题，否则，我们企业界将面临重大危机。请政府方面给予考虑。"

1944年2月28日，日本次官会议又做出《关于促进华人劳工移进国内事项的决定》。会后日本从中国华北、华中和东北地区10多个省、市，将被俘的中国士兵和强征的劳苦大众，劫运到日本国内服劳役。这些劳工在日本国内各企业单位和宪兵、警察的控制下，受尽折磨和摧残，许多人被虐杀。

据资料显示，日本侵略者仅从1943年4月至1945年5月，就从中国各地掳掠劳工169批，共41758人。由于饥饿、疾病和迫害，乘船前死亡2823人，实际被赶上船运往日本的是38935人。这些人，有90%是被抓的劳苦群众和中国军队的被俘人员。他们当中大多数是20—49岁的青年和壮年，15岁以下的童工有157人，60岁以上的老人有248人，其中70岁以上的还有12人。

☞ "花冈事件"是怎么发生的

位于日本秋田县北部的花冈，是"二战"时日本国内使用中国劳工的35家公司的135个作业场中的一个。1944年4月，国民党军队连长耿谆在河南洛阳受伤被俘。同年7月，他与其他300名战俘、农民一道被掳往日本。经过七天七夜的海上漂泊，被押往花冈中山寮集中营，被迫为"鹿岛组"（今鹿岛建设公司）做苦工。先后到达中山寮的中国劳工有979人。

当年的花冈中山寮，被中国劳工称作"人间地狱"。中国劳工被迫从事修改河道的苦役。他们住在木棚里,每天进行15—16小时的超强度劳动,饥寒交迫,每天都有劳工被打死、虐杀,仅半年时间,就有200多人被迫害送命。

身为大队长的耿谆决心组织暴动,以死反抗。1945年6月30日晚,700名中国劳工暴动。在耿谆的指挥下,劳工们打死监工,逃往中山寮附近的狮子森山。一场远离本土的暴动起义震惊了日本朝野,当局出动两万军警围捕枪杀。次日,余生的中国劳工全部被俘,暴动惨遭镇压。重落日寇魔掌的中国劳工遭到更为残酷的迫害。酷暑7月,中国劳工被捆绑双手,跪在铺着石子的共乐馆广场上,三天三夜不给吃喝,遭受日晒雨淋,侮辱毒打。几天过后,广场上尸体遍地,其状惨不忍睹。

此后,耿谆被以主谋杀人罪判处死刑(后改判无期徒刑),后因日本投降才幸免于难。被强掳花冈的979名中国劳工中,有418人命丧东瀛。这就是令人震惊的“花冈惨案”,又称“花冈事件”。

1995年6月28日,80岁高龄的耿谆率11名“花冈惨案”幸存者及遗属向日本东京地方法院提起诉讼,状告日本鹿岛建设公司并要求赔偿,开我国民间对日索赔的先河。有人说,这是耿谆在日本发起的第二次“花冈暴动”。

☞ 为何说日军在华化学战贻害至今

日本在华遗弃的化学武器,是当时在日本制造,然后运到中国来的,化学武器的研制、实验、存储和使用,是严重违反国际法的。1925年的《日内瓦公约》就禁止化学武器的制造和使用。日本在国际公约禁止制造和使用的情况下,制造并且大量使用化学武器,主要是在中国战场上。国际社会1993年开始起草了一个关于禁止化学武器公约,这个公约经过各国承认之后,到1997年基本上生效。这个公约由188个国家签署,成为了一个国际公约。全世界都认为应该禁止研制、发展、生产、存储和使用化学武器,这是一个国际的大趋势。

1945年日本投降后,日军将大量化学武器掩埋在中国。从20世纪80

年代开始,中国有关部门的专家开始在全国范围内对日本遗弃化学武器的情况进行调查取证,最终得出了一个初步结论:日军在中国遗弃的化学武器大约有200万件,各类毒剂有100多吨,遭受直接伤害的人员已有2000多人,还有许多地区的人员和环境处于这些化学武器的严重威胁之中。其中最著名的当属2003年发生在齐齐哈尔的“8·4”毒气事件,当时,由于侵华日军遗留下的毒气弹,造成49人死伤。

日军当年遗留在中国土地上的化学武器,对中国的环境和中国的民众一再造成威胁。虽然日方对遗留化学武器做了很多的承诺,但是在践行的时候却一拖再拖,日军化学武器的贻害仍在继续。

后　记

抗日战争是中华民族取得的一场伟大胜利，它是近代以来中国人民反抗外国侵略第一次取得完全胜利的战争，在中国历史上写下了壮烈光辉的篇章。日本军国主义发动的侵略战争，给中国和广大亚洲受害国人民造成了深重灾难，也使日本人民深受其害。“前事不忘，后事之师。”只有铭记那段惨痛历史，从中汲取深刻教训，才能防止历史悲剧重演。

抚今追昔，我们谨向在那场战争中为国捐躯的民族英烈表示深切的悼念和崇高的敬意，向惨遭侵略者杀戮的遇难同胞表示沉痛的哀悼，向曾经无私支持和参加中国抗战的海外华侨华人及所有国际友人表示诚挚的感谢。

与此同时，我们也要关注今天的中日关系，牢记历史之荣辱、明白今天之是非。正因为眼前的和平局面来之不易，我们更要谨奉一颗炽热爱国的心，正确地看待中日关系的一些问题，知大节、明大义，着眼于未来的发展。

本书是集体劳动的成果，来自成都理工大学四川省社科普及基地、全国科普创作与产品研发示范团队、四川省社会科学院、四川创新区域经济研究院等单位的作者们饱含着对抗日军民的无限敬意，以高昂的斗志激情精选了多条史实，以便读者们能在较短的时间里对抗日的历史有比较全面的了解。同时，本书得到了四川省科技计划项目(2014KZ0008)、成都市科协项目等方面的支持，并且参阅、借鉴及引用了大量前人文献资料。如有不足之处，恳切希望读者理解与批评。

编著者